新型职业农民培育系列教材

现代农业生产经营管理培育读本

马俊哲 编著

中国农业大学出版社
·北京·

内容简介

《现代农业生产经营管理培育读本》一书主要介绍了现代农业生产经营概述、农业生产要素、农业生产管理与农产品营销与加工增值等内容。本书作为新型职业农民培育系列教材之一，供大家在学习、培训、研究和实践中参考，希望在扎实推进新型职业农民培育及扎实地推进现代农业与社会主义新农村建设的过程中，能发挥添砖加瓦的作用。

图书在版编目(CIP)数据

现代农业生产经营管理培育读本/马俊哲编著，—北京：中国农业大学出版社，2014.11

ISBN 978-7-5655-0936-0

Ⅰ.①现… Ⅱ.①马… Ⅲ.①农业生产-生产管理-中国 Ⅳ.①F325.2

中国版本图书馆 CIP 数据核字(2014)第 276285 号

书　　名 现代农业生产经营管理培育读本
作　　者 马俊哲 编著

责任编辑 张　蕊　　**责任校对** 傅　莉
封面设计 郑　川
出版发行 中国农业大学出版社
社　　址 北京市海淀区圆明园西路 2 号　　**邮政编码** 100193
电　　话 发行部 010-62818525，8625　　读者服务部 010-62732336
编辑部 010-62732617，2618　　出 版 部 010-62733440
网　　址 http://www.cau.edu.cn/caup　　**e-mail** cbsszs@cau.edu.cn
经　　销 新华书店
印　　刷 北京俊林印刷有限公司
版　　次 2014 年 12 月第 1 版　2014 年 12 月第 1 次印刷
规　　格 850×1168　32 开本　6.125 印张　152 千字
定　　价 20.00 元

前　言

随着我国社会主义市场经济体制的日臻完善及人民生活水平的不断提高，国内市场对农产品的需求已从数量型向数量与质量并重型转变，其对农业生产经营的要求也将越来越高；农产品的市场竞争也从单纯的价格（或生产成本）向价格和质量并重转变，对农产品品种的需求也从单一性向多样化转变；食品消费中畜产品及其他副食品的消费比重也逐渐上升；而且随着产业结构的进一步调整和优化，工业对农业的原料需求结构也发生了深刻变化；由环境污染所带来的食品中有害物质残留受到广泛关注和高度重视，并且采取措施抵制非安全食品流入市场。国内市场对农产品需求结构的这些变化，都要求我国的农业生产经营者在农业生产经营活动中要把工作重点逐渐由单纯追求高产转变到追求优质高效上来，重视学习引进先进农业生产技术，注重市场营销，切实转变发展方式。

改革开放以来，我国2.3亿农户掌握了生产经营的自主权，他们在30多年的土地承包实践中增长了才干，但是我国目前的农业生产还主要是以家庭为基本生产单位的小规模经营为主，这直接影响到农业技术推广的成本和规模，以及进入市场的竞争实力和效果。目前我国每农户平均仅0.41公顷耕地，加上地块分散，以及每一农户一般又种植多种作物。进入20世纪90年代以来，面对复杂多变且竞争激烈的市场，这些小规模生产经营的农户，往往顿感困惑，举棋不定。近年来，我国已全面走出短缺经济的阴影，进入了买方市场，多种农产品出现了暂时性的、结构性的供过于求，农产品市场价格一直处于下降的态势，再加上农业生产周期长，农民不仅迫切需要掌握农业生产新技术，同时又害怕随着新技术采用后所带来的增产不增收甚至减收的风险。因此，这就迫切需要得到农业经营、管理、市场等方面的具体指导。

为了更好地帮助广大农民朋友正确把握农业生产经营与管理的方向，掌握必要的生产经营与管理知识，适应社会主义市场经济体制的要求，积极参与市场竞争，有效配合新型职业农民培育工程的全面实施，扎扎实实地推进现代农业与社会主义新农村建设，我们编写了这本《现代农业生产经营管理培育读本》，作为新型职业农民培育系列教材之一，供大家在学习、培训、研究和实践中参考，希望在扎实推进新型职业农民培育及扎实地推进现代农业与社会主义新农村建设的过程中，能发挥添砖加瓦的作用。

本书主要内容包括现代农业生产经营总述、农业生产要素、农业生产管理与农产品营销与加工增值。内文通俗易懂，并具有很强的针对性和实用性，适合作为新型职业农民培育的系列教材之一，供广大农民朋友学习和在实践中参考，也可作为农业行业部门管理人员培训教材、参考用书和手头必备的工具书。本书由北京农业职业学院马俊哲教授主编。书稿初稿完成后，原农业部农民科技教育培训中心陈肖安处长、山东潍坊职业学院曹春英教授、农业部科技教育司寇建平处长等对教材内容进行了审定，并提出了许多有见地的意见和建议，在此对他们的辛勤付出一并表示深深的谢意。

由于时间仓促及编者水平所限，错误和疏漏，恳请广大读者朋友指正，促使我们对现代农业生产经营管理的理论与实践不断加深认识，共同提高我国现代农业的生产经营水平和参与市场竞争的能力。

编　者

2014.9

目　　录

一、现代农业生产经营总述

（一）现代农业

——国计民生的根基

1. 农业与农业生产概述

(1)农业及其特点

对于一个职业农民而言，农业是指栽培农作物和饲养牲畜的生产事业。而从国民经济角度来谈，农业是指人类通过自己的劳动，利用植物、动物和微生物等生物机体的生命活动，把外界环境中的无机物质、有机物质和太阳能，转化和再转化成人类所需要的物质产品和为人类创造优美生活环境，并通过交换以实现其价值的物质生产部门。但是，不同国家或同一国家的不同历史时期，农业所包括的领域范围和具体内容不尽相同。

农业有狭义和广义之分。狭义的农业仅指种植业；广义的农业包括种植业、林业、牧业、副业、渔业等各业。

农业，无论作为生产事业，还是作为物质生产部门，其与工业相比，具有一个根本性的特点，这就是经济再生产过程与自然再生产过程交织在一起。农业的再生产过程，既是人们投入活劳动和物化劳动，生产出满足人们需要的农产品的经济再生产过程，同时又是生物有机体本身生长、发育、繁殖的自然再生产过程。这两种过程是紧密结合在一起的，是农业生物本身的生命过程与人类有目的的劳动过程的交错和统一。

(2)农业生产的特点

由于农业所具有的根本性特点，就决定了农业生产具有以下几个鲜明特点：

①农业生产受自然条件影响很大

作为农业生产资料的生物机体，是有生命的物质，要求一定的自然条件或环境条件，如光、热、水、气、土等，才能生长发育和繁殖后代。如果环境条件适合其要求，就能健康地生长，就能增产。因此，农业生产受自然条件的影响很大，产量极不稳定，特别是要从一个局部（如一个农户等）来看，农业生产的产量波动更大，其劳动生产率、生产成本等也会因地区和年份的不同而有较大的差别。

②土地是农业生产不可取代的最基本的生产资料

在其他环境条件相同的情况下，仅由于土地肥力、区位不同，农产品的产量和收入就会具有很大的差异。因此，在农业生产中，如何利用土地是很重要的。

③农业生产的生产时间和劳动时间不一致

农业的生产时间是从劳动力和生产资料投入生产算起，到产品收获以至售出的全部时间。农业的生产时间长度主要由生物自然生长、发育、繁殖所需要的时间来决定。而劳动时间是指劳动者利用劳动资料作用于劳动对象的时间。由于农业生产过程中的生物生长、发育、繁殖的全过程中许多时候是不需要人类劳动参与的，因此农业生产中生产时间要比劳动时间长。这一点决定了农业劳动力利用的特殊性。

④农业生产具有季节性

生物生产，特别是种植业生产，需要一定的环境条件，气候的季节性就决定了农业生产的季节性。生产的季节性带来了农业劳动的季节性，生产资料供应的季节性，农产品收获、运输、销售等的季节性，以及资金利用的季节性。

⑤农业生产具有地域性和分散性

农业生产是分散在广袤的土地上进行的，各地的自然条件有着很大的差别，因此农业生产的技术措施、栽培制度、农业生产的专业化，必须根据当地的自然条件来确定。此外，农机具的性能、肥料的施用、成本与收益的对比等都必须考虑到地域性。

农业生产的作业是分散在广大的土地面积上进行的，因此也就产生了农业生产劳动的分散性。

⑥农业生产特别是种植业生产的劳动与产品是脱节的

农业生产特别是种植业生产只能在生产过程结束后才有产品，大量日常劳动只是完成最终产品的各项作业，不像制造业生产过程中有中间产品，因此农业生产的劳动报酬需要与最终产品联系起来。

⑦农业生产既是自给性生产，又是商品性生产

农业生产首先要满足自己生产、生活的需要，但由于人们消费的多样性和经济社会发展的需要，同时还要通过交换来满足自己和别人，以至国家发展的需要，因此农业生产既是自给性生产，又是商品性生产。

(3)农产品的特点

由于农业和农业生产所具有的特点，就决定了农产品具有以下几个特点。

①不易保存

多数农产品都是有生命的物质，有些从收获到消费都要保证它的生命条件，有些农产品虽然已不具有生命能力，但仍然是水分大、易腐烂的有机物质，因此要求对其要有较高的储运条件，否则就会失去使用价值。

②具有多种使用价值

同一种作物或家畜、家禽、食用菌，在同一环境下，投入的劳动和资金都相同，仅由于品种不同，其产品质量就会有很大的差异，使用价值也差别很大。

③需求弹性较小

由于人们对粮、油、肉、蛋、奶、菜等农产品的消费都有一定的

量，在其需求饱和之后，就会稳定下来，少了不行、多了不需要。所以，农产品的需求弹性一般很小。此外，同类农产品一般都可以相互替代，从而使任何一种农产品的需求弹性都不会出现大起大落。

④既是生活资料，又是生产资料

对于大部分农产品来说，其首先要满足人们的生活需要，但同时可作为种子、饲料和工业原料等，因此在农产品的分配上也要考虑这两方面的需要。

2. 现代农业及其发展模式

(1)传统农业与现代农业

传统农业是以土地和劳动力为主要素，主要依靠手工操作，使大量的农民在少量的土地上精耕细作的农业，或者简单说就是抗御自然灾害能力差的自然农业。传统农业的特点：一是劳动密集型，即主要依靠大量的劳动力，使人均占有的土地很少。这种劳动密集型的最终表现是单位面积产量很高，但劳动生产率很低；二是产业组织方式落后，市场化程度极低，没有什么关联度，基本上是单户分散经营的自给、半自给性农业；三是科技含量低，表现为牛耕手种，种子难以更新换代，靠施绿肥来保养地力，病虫害无法防治，单产无法提高等；四是农田水利等农业基础设施不具备，难以抵抗水旱之灾。

现代农业是相对于传统农业和不发达农业而言的。现代农业的发展过程就是传统农业和不发达农业转变到现代发达农业的过程。实际上，现代农业就是用现代工业、现代科学技术和现代管理方法武装的农业。尽管各个国家或地区的条件与情况不同，但现代农业的基本特征是基本共同的。具体表现在五个方面：一是现代化的农业技术装备和较高的投入水平与产出水平；二是高效能的农业产前、产中、产后服务部门的支撑和效益相对较高的非农产业需求的支撑，并采用现代营销方式，提高农产品商品率；三是现代化的农业技术水平，如生物技术、化学技术等，有一定科学文化素质和经营管理才能的农业劳动者，农民的收入水平接近城市居民水平，生活、居住方式城乡一体化；四是农民组织结构的改善与优化，尤其是通过农业产业化经营，形成较高的农产品加工增值率；五是具有良好的农业资源和生态环境并有着较高的资源转化率。

(2)农业现代化及其内涵

农业现代化就是实现大地园林化、操作机械化、农田水利化、品种良种化、栽培科学化、饲养标准化和农村工业化。农业现代化的内涵可以概括为以下五个方面：一是用现代工业装备农业，打破以小生产为特征的自然农业的局面；二是用现代科学技术武装农业，逐步取代笨拙落后的生产技术和传统经验；三是由掌握现代科学技术知识的劳动者从事农业，使劳动技能和创造力大为提高；四是在充分认识和掌握自然规律的基础上，比较合理地利用自然资源，不断挖掘土地和气候资源的增产潜力；五是采用现代化的经营理念管理农业，实行专业化、商品化、社会化生产，充分发挥人类智慧的能动作用。

(3)现代农业的发展模式

在农业现代化的进程中，出现了许多现代农业的发展模式。归纳起来，主要有以下几种。

①可持续农业

可持续农业是采取某种合理使用和维护自然资源的方式，实行技术变革和机制性改革，以确保当代人类及其后代对农产品需求可以持续发展的农业。持续农业作为一种新战略，已经在国际技术、经济和社会发展各个领域产生重要影响。

可持续农业将是21世纪世界农业生产的主要模式。基本特征是：在强调农业发展的同时，重视自然资源的合理开发利用和环境保护。要达到的战略目标：一是积极增加食物生产，并注意食物安全；二是要努力促进农村综合协调发展，增加农民收入，消除农村贫困状况；三是要合理利用、保护、改善自然资源和生态环境。

实现可持续农业战略目标的方法是：采取农业生态技术。具体包括立体种养技术、物质循环利用技术、农村能源综合建设和庭院经济及其开发利用技术等。

②立体农业

立体农业，又称层状农业，即着重于开发利用垂直空间资源的一种农业生产方式。主要内容有：根据不同生物物种的特性进行垂直空间的多层配置；自然资源的深度利用，主产品的多级、深度加工和副产品的循环利用；技术形态的多元复合等。立体农业分异基面和同基面两种类型。异基面立体农业指不同海拔、地形、地貌条件下呈现出的农业布局差异。同基面立体农业指同一块田地上的间混套作及兼养动物、微生物的立体种养系统。合理的立体农业能多项目、多层次、高效率地利用各种自然资源，提高土地的综合生产力，并且有利于生态平衡。

③生态农业

生态农业是现代农业与生态科学的复合体系，是按照生态经济学原理，应用现代科学技术，建立起一种适应现代化生产和生活方式，既具有良好的经济效益、生态效益，又能合理利用资源的综合农业生产体系。它以现代工业和科学技术为基础，充分利用传统农业的技术精华，保持持续增长的生产率、持续提高的土壤肥力、持续协调的农村生态环境以及持续利用保护的农业自然资源，实现高产、优质、高效、低耗之目的，逐步建立起一个采用现代科技、现代装备和现代管理的农业综合生产体系。

生态农业的内涵主要包括以下八个方面：一是在现代食物观念引导下，确保国家食物安全和人民健康；二是进一步依靠科技进步，以继承中国传统农业技术精华和吸收现代高新科技相结合；三是以科技和劳力密集相结合为主，逐步发展成技术、资金密集型的农业现代化生产体系；四是注重保护资源和农村生态环境；五是重视提高农民素质和普及科技成果应用；六是切实保证农民收入持续稳定增长；七是发展多种经营模式、多种生产类型、多层次的农业经济结构，有利引导集约化生产和农村适度规模经营；八是优化农业和农村经济结构，促进农牧渔，种养加、贸工农有机结合，把农业和农村发展联系在一起，推动农业向产业化、社会化、商品化和生态化方向发展。

④循环农业

循环农业是指在农作系统中推进各种农业资源往复多层与高效流动的活动，以此实现节能减排与增收的目的，促进现代农业和农村的可持续发展。通俗地讲，循环农业就是运用物质循环再生原理和物质多层次利用技术，实现较少废弃物的生产和提高资源利用效率的农业生产方式。循环农业作为一种资源节约型和环境友好型农作方式，具有较好的社会效益、经济效益和生态效益。只有不断输入技术、信息、资金，使之成为充满活力的系统工程，才能更好地推进农村资源循环利用和现代农业的持续发展。

循环农业的特征：一是减量化，即尽量减少进入生产和消费过程的物质量，节约资源使用，减少污染物的排放；二是再利用，即提高产品和服务的利用效率，减少一次用品污染；三是再循环，即物品完成使用功能后能够重新变成再生资源。事实上，应用现代先进的农作物综合加工利用技术与设备，依托种植业发达和农作物秸秆资源丰富的优势，为市场提供质优价廉与商品化程度高的农作物产品，促进养殖业优质高效发展，提高农作物秸秆的利用率和经济效益，并使秸秆饲料加工、养殖业、生物有机肥、种植业四者之间形成有机的产业循环连，建立起农业资源高效利用的集约化现代农业经济循环体系，全面提高农业资源利用效率和农业生产经济效益，实现农业增效、农民增收、农村繁荣，促进和加快生态创建工程建设及生态村建设。

实际上，循环农业的发展，应着力抓好以下六个重点环节：一是要突出“绿色”，调整结构。农业结构的战略性调整，要突出发展无公害农产品、绿色食品和有机食品的生产，要注意保护水土，节约资源。二是要保护耕地，提升质量。坚持推广秸秆还田与保护性耕作技术，实现种地与养地有机结合，加强耕地质量工程建设。大力推广生物防治，相关企业要研究、生产低残留农药和可降解塑料薄膜。要推广喷灌、滴灌，杜绝漫灌，发展节水农业。三是要项目带动，企业参与。农村发展农产品加工或其他工业，要做到防污于未然，做到低排污与达标排放。四是要发展沼气，有效转化。近年来，各地以户用沼气工程为重点，结合农村改圈、改厕、改厨，大力推广以“猪—沼—菜（粮—果—渔）”等为主要内容的生态模式，实现村庄、庭院废弃物再生利用的良性循环。随着秸秆、畜禽粪便等农业固体废弃物的循环利用，以及测土配方施肥等生态循环生产方式的推广，农产品质量得到提高。实践表明，循环农业与科技、经济与环保可以实现相互支持、良性互动。五是要优化布局，整体规划。发展循环农业首先要制订发展规划。一方面，在充分调研的基础上，有选择、有重点地分别制定省、设区市、县（市、区）、乡、村等不同层次不同级别的循环农业发展计划，实现有计划、有步骤、有组织地稳步推进。要特别强调根据不同区域和不同层次农牧业的生产现状和实际需求，建立适宜的循环模式，并依照不同模式的特定优势，进行布局配置、结构调整，延长产业链，确保循环农业模式中各流通量与接口间的相互匹配、协调运行，促进循环农业健康、安全、有序生产。六是要正确引导，有序推动。循环农业事关经济可持续发展，需要政策引导。同时，循环农业发展又涉及种植、养殖、加工、能源和环保等多个部门，要建立多部门联动机制，强化多元扶持，加大政府投资力度，保证其持续发展。

3. 现代农业在国民经济与社会发展中的地位

农业是国民经济的基础，它在国民经济与社会发展中占有极其重要的地位。

(1)农业是人类生存和一切社会生产的首要条件

农业是人类的衣食之源、生存之本，为人类提供最基本的生活资料。没有这些基本的生活资料，人类社会就不能存在，这是任何其他部门所不能替代的。同时，人类社会进行任何生产活动，首先要有维持劳动者生存和再生产所必需的消费资料，因为它是维持劳动者生理机能所需能量的唯一来源。没有农业部门生产的食物，社会再生产就不能进行。

(2)农业发展是社会分工和国民经济各部门得以独立与进一步发展的基础

国民经济各部门是以农业生产的发展和劳动生产率的提高为前提的，只有当农业劳动者生产的产品，除了满足自己需要以外，还能提供剩余产品。另外，从社会发展的历史来看，在原始社会，农业是社会经济中唯一的生产部门。随着社会的发展，农业劳动生产率有了一定的提高，才出现了农业与畜牧的分工、农业与手工业和商业的分工。只有农业发展到一定的水平，才能从农业中解放出富余劳动力，以提供给其他部门，并提供足够的生活资料和生产资料，这些部门才可能从农业中分离出来成为独立的生产部门，并得到进一步发展。

(3)农业发展是一切非物质生产部门存在和发展的基础

只有农业劳动生产率大大提高，农业剩余产品大量增加，才能使一部分人不仅脱离农业，而且脱离物质生产领域，使文化、科学、教育、卫生等非物质生产部门得以独立和进一步发展。随着社会分工的发展，农业劳动力必然要向外部转移，这是社会进步的重要标志之一。

(4)农业是一切社会形态发展的基础

马克思曾经指出："超过劳动者个人需要的农业劳动生产率，是一切社会的基础。"农业为全社会提供粮食和副食品等基本生活资料、为工业提供原料、为国民经济各部门提供劳动力、为国家建设积累资金；农产品是重要的生产物资，特别是农副土特产品和水产品出口素有传统，用以换取外汇加强国家建设；农村是工业品和大量非物质产品的广阔市场。

4. 我国农业的基本经营体制

(1)农业基本经营制度与新型农业经营体系

农业基本经营制度就是以家庭承包经营为基础、统分结合的双层经营制度。实际中,在"分"的层次上,主要是通过广泛开展多种形式的农民培训,着力提高农户科技应用能力、机械使用能力和开拓市场能力;在"统"的层次上,主要是发展集体经济,增强集体经济组织的服务功能,并发展各种农业社会化服务组织,引导且支持龙头企业与农户建立紧密型的利益联结机制。做好"统"的文章,必须从各地实际出发,充分尊重农民的意愿,把小农户经营引入现代农业规模化、集约化发展轨道上来。实际上,农村基本经营制度是党的农村政策的基石,必须毫不动摇地坚持。

新型农业经营体系是指大力培育发展新型农业经营主体,逐步形成以家庭承包经营为基础,专业大户、家庭农场、农民合作社、农业产业化龙头企业为骨干,其他组织形式为补充的新型农业经营体系。构建新型农业经营体系,大力培育专业大户、家庭农场、专业合作社等新型农业经营主体,发展多种形式的农业规模经营和社会化服务,有利于有效化解这些问题和新挑战,保障农业健康发展。

(2)家庭联产承包责任与联产承包责任制

家庭联产承包责任是指以一个家庭为一个经营单位,向农业集体经济组织承包经营土地或者其他生产项目,取得经营的自主权,其劳动成果在完成国家税收、集体的统筹、提留后(现阶段,国家对部分地区实行了农业税的减免税政策),余下的全部归农户家庭所有的制度,通常把这种责任形式称为包干到户或者大包干。

以家庭经营为主的联产承包责任制,符合目前我国大多数地区农业生产力发展水平,仍具有旺盛的生命力,应保护稳定,使之进一步完善,充分发挥其优越性。

要积极发展和加强社会化服务。现在农民十分需要提供产前、产中、产后服务，应引导和大力提倡通过联合形式加强社会化服务，逐步建立多层次、多形式、多种经济成分的社会化服务体系，为农民提供信息、技术、资金、植保、机械、仓储、流通、管理等多方面的服务；并且注意改善手段，制定相应政策，促进社会化服务的进一步发展。这是完善以家庭经营为主的多种形式联产承包责任制的重要措施。

在有条件的地方，实行适度的规模经营。实行适度的规模经营，有利于提高土地利用率和劳动生产率，从根本上解决种粮效益比较低的问题，是实现农业专业化、商品化和现代化的重要步骤，也是对家庭联产承包责任制的完善和发展。实行规模经营的前提条件有两个：一是剩余劳动力有充分的就业机会；二是有一定的积累。实行规模经营不能搞行政命令，不能操之过急，要坚持自愿。

(3)农业承包经营权的内容

根据《中华人民共和国农村土地承包法》的规定，农业承包经营权的内容由发包方和承包方在承包合同中约定。法律上对承包经营权的内容作了原则规定。根据《中华人民共和国农业法》及相关法律的规定，承包经营权应包括以下内容。

①经营决策权

经营决策权，也称经营自主权。它是指在生产经营过程中决定干什么、干多少、怎样干的权利。给予承包方经营自主权，就可使他们成为真正的、独立的商品生产者，关心生产、销售情况，并使其收益与经营效果挂钩。

②收益权

收益权是指通过承包经营活动获得利益的权利。它使劳动报酬与劳动的数量、质量以及最终的成果挂上了钩，从而充分调动了农民劳动生产的积极性。

③产品处置权

产品处置权是指处置生产产品的权利。

④转包、转让权

转包权是指承包方经发包方书面同意，将所承包的土地等生产资料的部分或全部让渡给第三方，由第三方进行生产经营。承包方与发包方原来签订的承包合同仍然有效，承包方应与第三方签订转包合同。转让权是指在承包期内，承包方征得发包方书面同意，将承包合同让渡给第三方，由第三方向发包方履行承包合同规定的义务，并享有合同规定的权利。承包合同一经转让，原承包方与发包方依据承包合同规定的权利和义务关系即行终止。

农业承包经营权除包含以上四项原则规定的权利外，法律规定一些特殊的承包主体还享有两项较为特殊的权利，即优先承包权和继承权。优先承包权是指在同等条件下，承包人所具有的优先承包集体生产资料的权利。继承权是承包人在承包期内死亡的，该承包人的继承人享有继续承包的权利。这样规定也是从稳定承包经营关系，增加农业投入，保护承包人的继承人应有的权益来考虑的。

5. 现代农业生产经营

(1)我国现代农业生产经营的特点

就当前的情况而言，我国现代农业生产经营的特点主要有以下几点。

①规模较小

由于我国农村实行家庭联产承包责任制，加上农村人口多，致使我国农业的生产经营规模普遍较小，因而农业很少有雇工，绝大多数是经营者和劳动者都是家庭成员，而且是多种职能集于一身。

②受自然条件影响大

农业生产更多地取决于光照、降水、气温等自然条件，从而使农业的生产经营呈现不可控性。虽然随着科学技术的进步，人们对生产条件的控制能力不断增强，特别是设施农业的发展大大提高了农业的可控性，但是就我国目前的农业的总体而言，设施农业的高投入，往往使他们“望洋兴叹”！因此，我国农业的生产经营还主要是“靠天吃饭”。这就需要农业在生产经营方面不违农时，防灾减灾，避免损失。

③生产周期较长

由于种植业和养殖业的生产周期从几十天到若干年不等，因此农业的生产经营周期都比较长。这就要求合理安排生产经营项目，科学培植生产要素，以实现人、财、物的合理有效利用。同时要采用先进适用技术和良种，在缩短生产周期和产品生产时间方面打破常规，以获得较高的经济效益。

④生产空间范围分散

由于农业生产是生物生产，因此其具有明显的空间特征和地域特征。这就决定了在生产经营过程中无论是引进新品种还是选用新技术，都要注意其对空间的要求和地区适应性。

⑤产品与人类生活密切相关

农产品可以作为生产原材料，也可以作为生活用品，其中大多数作为人类的生活必需品。因此，农业生产经营活动应以人们的生活需要在市场上的反映为依据来开展。同时要以人们对安全使用农产品的要求来重视生产经营活动和农产品的质量。

(2)现代农业生产经营的目标与任务

现代农业生产经营的目标应是所要获得的利润。现代农业生产经营的主要任务有如下几点。

①选准生产经营方向

生产经营过程中，最大的失误是方向性失误。因此，现代农业生产经营应根据国家的产业政策，并结合市场需求和技术信息，认真确定自己生产什么、生产多少、选择什么品种、达到怎样的质量等，为实现生产经营目标打好基础。

②加强经济核算

经济核算包括会计核算、统计核算和业务核算。通过经济核算，掌握生产经营情况，如生产进度、费用支出、产品成本、收入、利润等，以有效组织生产，调节开支，加强管理，提高效益。

③提高经济效益

现代农业生产经营的根本目的是获得经济效益，而且所追逐的是效益最大化。在生产经营活动中，必要的开支一定要保，不必要的开支一定要压；应得到的收入一定要拿到，而不义之财千万不能去动脑筋。因此，在农业生产经营中要全面把握其全过程的收支情况，抓住重点(大额收支环节)，开源节流，提高经济效益。

④谋求可持续发展

这是现代农业生产经营活动应承担的一项重要任务。一是要注意资源的合理利用；二是要注意维护生态平衡；三是要注意防止环境污染，包括土壤沙化，为子孙后代留下良好的生存条件。

(3)现代农业生产经营应坚持的原则

现代农业生产经营活动中，应坚持以下几个主要原则。

①市场导向原则

在现代农业生产经营过程中，各项工作都要按照市场需求来开展，如经营方向和经营目标的确定、内部管理体制的建立、各种生产资料的购买和使用、产品的销售等，都应按照市场的要求来进行。

②系统管理原则

在现代农业生产经营活动中，要从整体系统的高度进行管理，即围绕系统目标的实现，协调好部分与部分之间、部分与整体之间的关系，使各个部分各尽其职、各得其所。

③以人为本原则

在现代农业生产经营活动中，要注重劳动保护。即要注意安全生产，加强劳动保护，珍重每一个人的生命权。

④效益效率原则

在现代农业生产经营活动中，要围绕经济效益和劳动效率来安排各项工作。即一切工作都要将费用支出和所能获得的收益结合起来考虑，同时要考虑单位收益的耗时和耗劳，只有这样，才能实现其生产经营目标。

(4)现代农业生产经营的主要观念

生产经营观念往往决定着生产经营者对生产经营活动的态度和出发点,对生产经营活动起着决定性作用。在社会主义市场经济体制下,在现代农业生产经营中应树立以下主要观念。

①市场观念

现代农业生产经营活动应以市场需求为方向来开展,就是市场上需要什么、需要多少、需要什么样的质量,来决定生产什么、生产多少、生产什么样质量的产品,这样才能满足市场的需要,在市场上卖得出去,从而获得较好的经济效益。市场观念的核心,一是以市场需要为依据,即根据市场需要的品种、质量组织生产;二是以经济效益为根本,而不是以产量为出发点。

②竞争观念

竞争是市场经济最典型的特征之一。市场竞争必然冲击小农经济条件下封闭的生产经营思想,迫使生产者提供优质的产品和完善的服务。生产经营者应当运用正当的竞争手段,在产品品种、质量、服务、价格等方面不断取得竞争优势,牢牢占领市场。如果生产经营者不适应竞争的要求,就必然要遭到市场的淘汰。

③信息观念

信息是资源、是财富。对于现代农业生产经营者来说,经济信息、技术信息等是开展生产经营活动的基础。一般而言,国家或地方出台的新的经济法律法规、产业政策,以及物资的供应、金融市场的变动、先进技术的推广、市场行情的变化等,都是应该关注的信息。在市场行情瞬息万变的情况下,现代农业生产经营者要有强烈的信息意识,及时捕捉各种技术信息和经济信息,并对信息进行分析和鉴别。只有依靠准确的信息,才能作出正确的生产经营决策。

④法制观念

市场经济是法制经济。一般来说,经济活动都是由法律法规来规范的。因此，现代农业生产经营者必须树立良好的法制意识。树立法制意识，一是要善于利用法律来维护自己的合法权益不受侵害；二是要自觉遵守法律，在法律允许的范围内开展生产经营活动。

⑤用户观念

用户是产品的消费者，是现代农业生产经营者实现经济效益的保证。现代农业生产经营者只有牢固树立“一切为用户着想”的观念，才能在激烈的市场竞争中赢得用户的青睐和支持，才能使自己的产品占领市场。在现代农业生产经营活动中，切不可贪图一时的小便宜而损害用户的利益，如用劣质高价的产品蒙骗顾客等，应以诚信取得用户的信任，以“回头客”赢得经久不衰的市场。

需要指出，生产经营观念的养成需要一个长期的过程，不可能一蹴而就。这就需要现代农业生产经营者不断加强学习，深刻领会这些观念的内涵和意义，并在生产经营活动付诸实施，使之成为自己的自觉行动。

(5)现代农业生产经营活动的重点环节

开展现代农业生产经营活动，应重点从以下几个方面着眼。

①注意搜集市场信息，选准并适时调整好生产经营方向

在市场经济条件下，市场处于不断的变化之中。因此，现代农业生产经营者要把握市场变化的趋势，就要时刻关注市场，就要通过市场变化表现出来的信息来研究市场，使自己把握住市场行情变化的脉搏，从而根据市场需求选准并适时调整生产经营的方向。

②加强对市场的定量分析和预测，确定好农业生产结构

对于现代农业生产经营者来说，也应该发展多种经营。但多种经营，经营些什么、各占多大比重，就要看市场的需要。实际上，多种经营中所包含的种类及各自所占的比重，就是生产结构。要确定好生产结构，就要对市场进行定量研究，作出科学预测。只有这样，才能使现代农业生产经营及其所生产的产品符合市场需要，才能使现代农业生产经营者实现生产经营目标，才能获得尽可能

大的经济效益。

③加强对生产经营过程的监控和管理

由于农业的生产周期长，所以其生产经营过程的环节多，其中的任一环节出现问题，都会对生产经营者造成损失，因此要注重生产经营过程的监控，及时发现问题，及时解决问题，特别是对于生产经营过程的重点环节，要重点监控，重点管理。

④善于学习引进先进实用技术和经营管理经验，提高生产经营管理水平

现代农业生产经营者还要善于利用一切机会、通过多种途径，学习、引进和运用先进实用技术，提高生产技术水平，改善经营管理。

(二)新型农业经营主体与新型职业农民

——现代农业生产经营的家园及主人

1. 新型农业经营主体

进入21世纪以来,随养我国工业化、城镇化进程的加快,农村劳动力大量向城镇和非农产业转移,“谁来种地”的问题突显,培育壮大规模化、专业化、集约化和市场化的农业经营组织、创新农业经营体制机制的要求日益迫切。2013年中央一号文件和党的十八届三中全会明确指出,创新农业经营体制机制,构建新型农业经营体系。构建新型农业经营体系的关键是培育新型农业经营主体。

(1)新型农业经营主体的内涵及特征

新型农业经营主体是指具有相对较大的经营规模、较好的物质装备条件和经营管理能力,劳动生产、资源利用和土地产出率较高,以商品化生产为主要目标的农业经营组织。其主要特征有:一是适度规模和专业化生产。新型经营主体经营规模明显高于传统农户家庭经营规模,专门从事农业生产,能够实现对自身劳动力资源的充分利用,取得较好的规模经济效益。二是集约化经营。相对于传统小规模家庭经营,新型农业经营主体具有较好的物质装备条件,生产技术水平高,具有现代经营管理意识,能够实现对资源要素的集约利用,劳动生产率、土地产出率和资源利用率都比较高。三是市场化程度高。新型农业经营主体主动按照市场需求安排农业生产活动,绝大部分产品都要进入市场,能够和市场实现有效衔接,商品化率和经济效益明显高于传统农户。

需要指出的是,新型农业经营主体既包括农业产中环节的生产经营组织,也包括为在产中环节提供各种服务的经营组织。

(2)新型农业经营主体的主要类型

20世纪90年代中期以来，大量农村劳动力进城务工经商，农村土地流转增加，农业产业结构深入调整，为种养大户、家庭农场、农民合作社、龙头企业等各类农业生产经营组织发育和成长提供了难得的机遇，而这些农业经营组织既是推动农业经营体制机制创新的主要力量，也成为新型农业经营主体的主要构成。在现有文献中，一般把新型农业经营主体分为以下几种。

①种养大户

种养大户统指那些种植或养殖生产规模明显大于当地传统农户的专业化农户。由于是一个习惯称呼，种养大户没有严格的标准，边界比较模糊，有时也称专业大户。各地区、各个行业的种养大户标准差别比较大。在现有种养大户中，有相当部分仅仅是经营规模扩大，集约化经营水平并不高，甚至带有粗放经营特征，不符合新型农业经营主体的标准。这也是部分研究不把种养大户作为新型农业经营主体的原因。

②家庭农场

家庭农场来源于欧美国家，是指大规模经营的农户。党的十七届三中全会提出在有条件的地方可以发展家庭农场，此后家庭农场逐渐成为我国新型农业经营主体的一个重要类型。目前，浙江、上海、湖北、吉林等地对家庭农场给出了界定标准，即土地经营规模较大、土地流转关系稳定、集约化水平较高、管理水平较高等。和一般种养大户相比，家庭农场在集约化水平、经营管理水平、生产经营稳定性等方面都有更高的要求。当然，种养大户和家庭农场仍然属于家庭经营。

③农民合作社

农民合作社是指农民在家庭承包经营基础上按照自愿联合、民主管理原则组织起来的一种互助性生产经营组织。农民合作社通过农户间的合作与联合，不仅解决了传统农户家庭经营存在的规模不经济缺陷，还通过技术、资金等合作，推动了农户生产的集约化水平。

④农业产业化龙头企业

农业产业化龙头企业是通过订单合同、合作等方式带动农户进入市场,实行产加销、贸工农一体化的农产品加工或流通企业。和其他新型农业经营主体相比,龙头企业具有雄厚的经济实力、先进的生产技术和现代化的经营管理人才,能够与现代化大市场直接对接。

⑤经营性农业服务组织

经营性农业服务组织是指在产前、产中和产后各环节为农业生产提供专业化、市场化服务的经济组织,包括专业服务公司、专业服务队、农民经纪人等。它们为小规模农户提供农机作业、病虫害防治、技术指导、产品购销、储藏运输等服务,解决了农民一家一户办不了、办不好的事情,降低了农户生产成本,提高了农户的资源要素利用效率。

(3)新型农业经营主体的功能和定位

新型农业经营主体,是在坚持家庭承包经营基础上创新我国农业经营体制机制、构建新型农业经营体系的骨干力量,是建设现代农业、保障国家粮食安全和主要农产品有效供给的重要主体。

从制度层面看,培育壮大新型农业经营主体是对我国以家庭承包经营为基础统分结合双层经营体制的完善。新型农业经营主体立足于家庭承包经营,通过土地流转,发展规模经营,提高农业比较效益,解决了工业化、城镇化大背景下谁来种地养猪的问题,提高了农业综合生产能力,保障了主要农产品有效供给。新型农业经营主体,通过产前、产中、产后诸环节的专业化服务,提高传统农户的集约化水平,实现传统农户与现代市场的对接,推动了农业生产的组织化、社会化,巩固了以家庭承包经营为基础的农村基本经营制度。

从产业发展层面看,新型农业经营主体是构建现代农业产业体系的依靠力量。龙头企业、农民合作社等新型农业经营主体,将先进技术、资金和现代经营管理理念等要素引入农业，大力发展产后加工和流通，延长产业链条，提高了农业附加值和比较效益，推动了现代农业产业体系的构建，提高了农业的市场竞争力和抗风险能力。

种养大户、家庭农场、合作社和龙头企业在现代农业中具有不同的定位和功能。种养大户、家庭农场作为规模生产主体，承担着农产品生产尤其是商品生产的功能，发挥对小规模农户的示范效应，带动其向采用先进科技和生产手段的方向转变，增加技术、资本等生产要素投入，着力提高集约化水平。农民专业合作社具有带动散户、组织大户、对接企业、联结市场的功能，应成为引领农民进入国内外市场的主要经营组织，发挥其提升农民组织化程度的作用。龙头企业是先进生产要素的集成，具有资金、技术、人才、设备等多方面的比较优势，应主要在产业链中更多承担农产品加工和市场营销的作用，并为农户提供产前、产中、产后的各类生产性服务，但不宜长时间、大面积租种农民土地直接耕种。随着农民进城落户步伐加快以及户均耕地逐步增加，专业大户和家庭农场未来有很大的发展空间，或将成为职业农民的中坚力量。

随着我国新型农业经营主体的不断发展，将形成以承包农户、种养大户和家庭农场为基础，以农民合作社、龙头企业和各类经营性服务组织为支撑，多种生产经营组织共同协作、相互融合、具有中国特色的新型农业经营体系，推动传统农业向现代农业转变。

(4)培育新型农业经营主体需要处理好的几个关系

我国有着人多地少的特殊国情，各地资源要素禀赋、经济社会条件不尽相同，甚至差别较大；不同新型经营主体之间发展的条件、能力和速度不同，各自的需求也不同。因此，培育新型农业经营主体要立足于基本国情，考虑到区域差异，处理好各种关系，以促进各类主体的协调、健康、稳定发展。

①新型农业经营主体和传统农户的关系

新型农业经营主体是在农户承包经营的基础上发展起来的。

在未来一个较长的时期内，农户在农业经营主体中占多数的格局不会改变，新型经营主体蓬勃发展的趋势也不会改变。在此过程中，处理好发展新型经营主体和扶持传统农户的关系，对于二者协调发展非常重要。对此，需要把握两点：一是大量的传统农户会长期存在。一方面，家庭承包经营是我国农村基本经营制度的基础，传统农户是农业基本经营单位。对大部分中老年农民来说，农业不仅是一种生产方式，还是一种生活方式。尽管农业经营收入在家庭收入中的比重可能大幅下降，但他们中相当比例的人仍然会坚持从事农业生产。日本、韩国的发展历程充分证明了这一点。因此，不能因为强调发展新型农业经营主体，就试图以新型农业经营主体完全取代传统农户，这是一个误区。另一方面，这些小规模农户存在先大不足，抗御自然风险和市场风险的能力较弱，而且在我国农业市场化程度日益加深、农业兼业化和农民老龄化趋势不断加快的过程中，传统农户的弱势和不足表现得更加明显。在支持新型农业经营主体的同时，也要大力扶持传统农户，这不仅是发展农村经济、全面建成小康社会的需要，而且是稳定农村大局、加快构建和谐社会的需要。二是培育新型经营主体和扶持传统农户是相辅相成的。新型经营主体与传统农户不同，前者主要是商品化生产，后者主要是自给性生产。两者尽管有一定的竞争关系，但更有相互促进的关系。新型主体发展，尤其是龙头企业、合作社，可以对传统农户提供生产各环节的服务，推动传统农户生产方式的转变。与此同时，传统农户也可以为合作社、龙头企业提供原料，成为其第一车间。在扶持政策上，对传统农户和新型经营主体要并重，不可偏废。

②家庭农场、农民合作社和龙头企业之间的关系

各类新型农业经营主体并不存在优劣、高低之分。不同类型的经营主体，在农业生产发展实践中承担的角色不同，定位不同。要针对各类主体的不同特点，发挥各自的比较优势，努力形成各类主体间合作与联合的组织形态。家庭农场作为一个经营性质较为

综合的经济体，出于效率和效益考虑，可能将一些生产性服务外包给特定组织如专业合作社；在农地租赁方面也可能借助于农民合作社，以避免而对分散农户的高昂交易成本，或直接从农民土地合作社租入土地。随着合作的深入，一些家庭农场可能成为合作社成员，例如，目前法国约有75%的农场主是合作社成员。类似的，龙头企业为了降低与农户的交易成本，也可能加入某个合作社或直接领办合作社，这在各地都有经验可循。即使不加入合作社，家庭农场、龙头企业和农民合作社之间也可能由于产品或服务的交易而产生经济合作关系。在实践中，不能厚此薄彼，片面认为其中一种模式好，如果盲目发展单一经营主体，结果可能违背市场规律，事倍功半。

③发展规模经营和提高土地产出率之间的关系

追求规模经济是新型经营主体发展的动力。从我国分散的小农经营来看，由于土地规模较小，劳动生产率相对低下，但通过精耕细作，土地产出率并不低。以往的研究表明，正是因为我国传统农户在单位土地上投入了更多的劳动，最大限度对土地进行集约经营，才以占世界9%的耕地养活了占世界1/5的人口。与之相比，新型经营主体通过扩大经营规模，科学组合和集约利用各种生产要素，可以有效提高劳动生产率和土地产出率。但规模超过一定程度，随着劳动生产率的提高，土地产出率有可能出现下降。因此，在发展新型农业经营主体中，规模经营要适度，不能盲目追求扩大规模。要根据各地资源条件、经营者能力来适当控制规模。如果经营规模过大，超过了经营者自身的能力，就会由原来的规模经济转变为规模不经济。当然，确定适度规模标准，要因地制宜。

④培育新型农业经营主体和促进农业劳动力转移的关系

在工业化、城镇化深入发展中，农业劳动力转移是一个长期趋势。据有关测算，在目前的资源状况和技术水平下，我国还有约8 000万农业富余劳动力，农业劳动力转移将是一个长期的过程。在这样一个背景下审视培育新型农业经营主体与转移农业劳动力的关系,可得出两个基本判断:第一,培育新型经营主体有利于转移农业劳动力。新型经营主体往往有积极性、有能力使用机械来替代繁重的体力劳动,这不仅有利于提高生产效率,还能大幅度降低生产成本。当然,在劳动力难以被替代的环节,新型经营主体也会雇用一些年龄相对较大但农业经验丰富的劳动力。这样,既把容易向非农产业转移的劳动力从土地上解放出来,又有效利用了不容易向非农产业转移的劳动力。第二,培育新型农业经营主体,要与农业劳动力转移步伐相适应。要根据农业劳动力的转移,积极稳妥推进土地流转,发展新型经营主体,但不能不顾劳动力转移的过程,靠强行推动土地流转来发展规模经营。考虑到有相当比例的进城农村劳动力还没有真正在城市落地生根,在推动土地流转中更要审慎,要切实尊重农民意愿,稳妥推动土地流转,发展新型经营主体。否则,不但不能推动现代农业发展,还会影响社会稳定大局。

⑤推进适度规模经营与发展社会化服务的关系

新型农业经营主体发展的过程,是农业分工不断精细化的过程,也是农业社会化服务大发展的过程。在传统农业阶段,分散的小农户往往可以通过一己之力或邻里互助完成生产过程,一般不需要跨区域、大规模的社会化服务。而在建设现代农业阶段,随着单个主体经营规模的扩大,这种需要自然就产生了。农业生产经营是复杂的系统工程,任何一个主体都不可能“包打天下”。出于对生产稳定和利润最大化的追求,新型经营主体更愿意接受专业化、社会化的生产性服务。这是因为,某些服务即使能够自我提供,也可能达不到规模经济的要求,比如农业信息、市场营销、统防统治、抗旱排涝等,而这些服务如果在更大范围内统一提供,则能实现规模经济要求。从这个角度看,有了服务的需求,并通过规模经济来激励服务的供给,就能为社会化服务发展创造良好的环境。同时,新型经营主体也能参与提供社会化服务,可以通过领办或合办社会化服务组织,通过自发的产业链整合,为自己和其他经营主体提供高质量服务，有利于在更大范围内降低成本，拓展利润空间。因此，对于种养大户、家庭农场、农民合作社、龙头企业等新型农业经营主体而言，发达的农业社会化服务是其快速发展不可或缺的重要条件。

2. 新型职业农民

(1)从传统农民到职业农民与农民职业化

传统社会是个农民社会，而现代化意味着对传统的改造。按过去的定义，传统农民是“自给自足的小生产者”，而“现代化农民”意味着工厂式的“社会化大生产从业者”。我国是一个封建意识浓厚的国家，农民历来是个身份概念，这一概念常固定的使人想起与之相联系的一些特征：以农为业，居住在农村，以种田为主要收入来源，一家一份田，日出而作，日落而息，封闭、落后、愚昧。然而，这一切随着中国现代化建设的推进和市场经济的逐步完善、传统农业向现代农业的转变，已在悄然发生着变化。居住地、有无耕地、是否以农田收入为主、户籍性质等已不再成为农民身份的确定因素。农民在现代化和城市化的潮流中，几乎所有上述传统的典型特征都在发生变化，最突出的特点是他们将走向职业化，也正是农民走向职业化的过程改变了他们千百年来的传统特性。

笼统地讲，农民职业化的过程就是农民走出以传统家庭经营为生计的生产模式，进入现代市场化就业的过程，其主要有两种途径：一是就职于现代产业，以劳动报酬作为收入方式；二是自主经营，但经营主体不再都是家庭，经营方式是按照现代企业和市场运作的原则进行，在保持传统家庭经营的基础上扩大收入。前者将是我国农民转变身份的主要方式。农民身份的终结与农民的职业化是同一个过程的两个方面，随着两者的完成最终将实现农民的现代化。农民职业化的含义有：一是当农民、从事农业与否，是其自愿选择的，与出身无关；二是可以选择当农民，从事农业经营，也可以进入社会其他职业中；三是选择经营农业的职业农民不是随便就可胜任的，而是要和其他职业一样，经过市场竞争，具备一定资格条件才行，即职业农民要求具有农业方面的特殊知识和技能要求，也就是职业素质。如今在欧、美、日等发达国家对农场主的资质要求都是很高的，必须持有“证书”才能上岗；也只有那些具有专业技能的农业劳动者，在劳动力市场上才有就业竞争力进入农场成为农业劳动者。

总之，农民职业化就是指当农民从事农业不是由出身决定而是人们自愿选择和农民阶层分化消亡的过程。农民职业化从根本上说是现代化进程中农民由自然、半自然经济的小农生产方式为基础的生产生活方式等向产业化、商品化、现代化生产方式和城市化生活方式的转变。随着农业科技的广泛应用，农业劳动生产率普遍提高，必然产生大量富余劳动力，农民逐渐离开土地、农业，转变为工厂和城市非农劳动者，实现职业的转化。即使继续从事农业的劳动者，其社会身份、生产生活方式、价值观念和收入水平等也将发生相应的变化。在基本实现现代化、进入发达国家行列后，农民阶层身份职业转化基本完成，传统意义上的农民消失，新型农业劳动者数量极少。法国社会学家孟得拉斯把这一现象称为“传统农民的终结”。

(2)新型职业农民的概念与特点

综上所述，所谓新型职业农民，就是农民在阶层分化消亡的过程中，那些自愿把从事农业生产经营作为一种职业，并具有一定职业素质和技能的农民。与职业农民相对的则是传统农民。传统农民以维持生计为主要追求，他们是身份有别于市民的群体；而新型职业农民则充分地进入市场，将农业作为产业，并利用一切可能的选择使报酬最大化。两者的最大差别是：传统农民是社会学意义上的身份农民，它强调的是一种等级秩序；而新型职业农民则类似于经济学意义上的理性人，它是农业产业化乃至现代化过程中必然出现的一种新的职业类型。

新型职业农民是集经营管理、生产示范、技术服务为一体的新一代农田管理者和经营者，具有独立性、自主性、能动性、开放性和创造性等特点。其独立性表现为有独立的社会地位和职业特征，有平等的发展机会，有获得更多社会资源的能力和与其他阶层共享所创造成果的权利；其自主性表现为有自主选择职业和劳动方式、自主支配劳动对象和劳动成果、自主选择进入市场网络参与市场竞争的权利；其能动性表现为在推动自身富裕和农村现代化中的强烈进取心，为创造财富而追求现代科技、智力开发和政策支持；其开放性表现为职业农民既可以是本地人员，也可以是外地农民、城镇居民；其创造性表现为在追求财富和建设现代农业过程中所体现的创新精神、创业意识、创造性劳动和不断实现的社会价值和自我价值。

(3)新型职业农民应具备的基本素质

从新型职业农民所担负的使命来看，新型职业农民应具备以下一些基本素质。

①要有新观念

新观念主要包括市场观念、竞争观念、诚信观念、开拓创新观念、法律观念等。

②要有新素养

新素养主要包括科技素养、文化素养、道德素养、心理素质、身体素质等。

③要有新能力

新能力主要包括发展农业标准化能力、农业产业化能力、合作经济组织能力、特色农业能力等。

(4)培育新型职业农民的重要意义

大力培育新型职业农民是建设新型农业生产经营体系的战略选择和重点工程，是促进城乡统筹、社会和谐发展的重大制度创新，是转变农业发展方式的有效途径，更是有中国特色农民发展道路的现实选择。

①培育新型职业农民有助于推进城乡资源要素平等交换与合

理配置

推进城乡发展一体化，首要的是劳动力统筹，在让一批农村劳动力尽快真正融入城市的同时，必须提高农业、农村吸引力，让一部分高素质劳动力留在农村务农。加快建设现代农业，要求全面提高劳动者素质，切实转变农业发展方式。新型农业经营主体培育的重点是农民、农户，国家政策支持的重点是新型职业农民。

②培育新型职业农民就是培育现代农业的现实和未来

随着传统小农生产加快向社会化大生产转变，现代农业对能够掌握应用现代农业科技、能够操作使用现代农业物质装备的新型职业农民需求更加迫切。随着较大规模生产的种养大户和家庭农场逐渐增多，农业生产加快向产前、产后延伸，分工分业成为发展趋势，具有先进耕作技术和经营管理技术，拥有较强市场经营能力，善于学习先进科学文化知识的新型职业农民成为发展现代农业的现实需求。培育新型职业农民就是培育现代农业的现实和未来。

③培育新型职业农民就是培育新型经营体系的核心主体

今后中国农业的从业主体，从组织形态看就是龙头企业、家庭农场、合作社等，从个体形态看就是新型职业农民。因此，培育新型职业农民就是培育各类新型经营主体的基本构成单元和细胞，对于加快构建集约化、专业化、组织化、社会化相结合的新型农业经营体系，将发挥重要的主体性、基础性作用。

同时，从“三农”政策实施来看，要通过政策向真正从事农业生产经营的新型职业农民身上“倾斜”，充分调动农民从事农业和粮食生产的积极性，确保“三农”政策的实施效率和效果。

(5)新型职业农民的类型

新型职业农民大体分为三类。

①生产型职业农民

生产型职业农民是掌握一定的农业生产技术，有较丰富的农业生产经验，直接从事园艺、鲜活食品、经济作物、创汇农业等附加值较高的农业生产的群体。

②服务型职业农民

服务型职业农民是掌握一定农业服务技能，并服务于农业产前、产中和产后的群体。

③经营型职业农民

经营型职业农民是有资金或技术，掌握农业生产技术，有较强的农业生产经营管理经验，主要从事农业生产的经营管理工作的群体。

此外，有人也从农村经济、从业人员和人才教育分类的客观实际和需要出发，将职业农民划分为后继农民、骨干（技术）农民和中坚核心农民。后继农民就是农业劳动者继承人；骨干（技术）农民是指在农村经济活动中的能工巧匠，是先进文化、技术和生活的传播者和实践者；中坚核心农民是指骨干（技术）农民中经历长时间实践获得成功的具有一定生产经营规模，更重要地是稳定、持久的职业农户。骨干（技术）农民和中坚核心农民是农村的优秀人才主体。

(6)培育新型职业农民的主要环节

培育新型职业农民，不是一项简单的教育培训任务，需要从环境、制度、政策等层面引导和扶持，重点是要构建包括教育培训、认定管理、扶持政策等相互衔接、有机联系的国家制度体系。

①教育培训

教育培训是新型职业农民培育制度体系的核心内容，这是由新型职业农民“高素质”的鲜明特征决定的，要做到“教育先行、培训常在”。对新型职业农民的教育培养应从三方面考虑：一是对种养大户等骨干对象，要通过教育培训使之达到新型职业农民能力素质要求；二是对经过认定的新型职业农民，要开展从业培训，使之更好地承担相关责任和义务；三是对所有新型职业农民，要开展经常性培训，使之不断提高生产经营能力。

②认定管理

认定管理是新型职业农民培育制度体系的基础和保障，只有通过认定，才能确认新型职业农民，才能扶持新型职业农民。一是明确认定条件；二是制定认定标准；三是实施动态管理。

③扶持政策

制定扶持政策是新型职业农民培育制度体系的重要环节，只有配套真正具有含金量的扶持政策，才能为发展现代农业、建设新农村打造一支用得着、留得住的新型职业农民队伍。扶持政策主要包括土地流转、生产扶持、金融信贷、农业保险、社会保障等方面政策。

(三)市场调查、生产经营预测与决策
——现代农业生产经营的先导

1. 市场调查

(1)市场调查的概念

市场调查是一种特殊的信息搜集和验证活动,是现代农户为了达到自己的经营目的而通过各种手段摸清市场的现状及其发展变化趋势的活动,是对市场进行的一种目的明确,重点突出的系统的客观的调查研究。

市场调查的目的是为现代农户分析市场行情,掌握和发掘自己所生产经营商品的现实市场和潜在市场,并为此做出正确的判断和决策提供参考依据。

市场调查的对象是人群或民众。可以是广泛的民众,也可能是具有某些特征的民众群体。

市场调查的原则是科学性与客观性。现代农户自始至终均应保持客观的态度去寻求反映事物真实状态的准确信息,去正视事实,接受调查的结果。不允许带有任何个人主观的意愿或偏见、也不应受任何人或管理部门的影响或“压力”去从事调研活动。市场调查的客观性还强调了职业道德的重要性。应当采用科学的方法去设计方案、定义问题、采集数据和分析数据,从中提取有效的、相关的、准确的、可靠的、有代表性的当前的信息资料。

(2)市场调查的内容

市场调查的具体内容如下。

①市场环境的调查

市场环境是指影响市场供求变化的政治、经济形势和社会时尚。如,国家有关的政策、法规以及政治形势变化、居民收入水平、购买力和消费结构、交通运输条件、人口数量构成及分布、居民的文化水平、职业构成、民族特点和人们的风俗习惯等。

②市场需求调查

市场需求是指在一定地区、一定时间内对产品的需求量、需求结构、需求变化趋势、消费者购买动机、外贸出口及出口潜力的调查。市场需求有现实需求和潜在需求。具体调查内容如下。

a. 现实市场调查，就是摸清楚所生产经营的产品现有用户数量和销售量。

b. 潜在市场调查，就是摸清楚所生产经营的产品的潜在用户和潜在销售量、购买原因等。一旦条件具备，这种潜在的需求就会转化为现实的需求。所以，及时准确地掌握潜在需求情况是决策成功的关键。

c. 市场占有率调查。市场占有率，也可称为“市场份额”，是农户在运作的市场上所占有的百分比。在欧美，当一个企业获得市场 25% 的占有率时，一般就控制了市场。

市场占有率是一个重要指标，一方面，它是反映经营业绩最关键的指标之一；另一方面，它是市场地位最直观的体现。

市场占有率调查，就是了解整个行业和同类产品在市场上的销售数量，了解本企业与竞争对手的市场占有率，产品在某地或某市场的占有率。

d. 销售趋势分析，就是密切注意用户的购买行为、自身及竞争对手销售变动趋势。

e. 竞争形势的分析，就是调查竞争对手的特点。如生产技术、产品质量、产品价格、服务态度、销售路线、价格、营销策略、竞争策略及手段等。

③产品调查

产品调查是指在一定地区、一定时间内对消费者需求的产品及其评价进行的调查。产品调查主要包括：

a. 产品品种调查，就是指对市场所需产品品种的调查。重点了解市场需要什么品种？需要数量是多少？农户自己生产的产品品种是否适销对路？

b.产品质量调查。产品质量调查包括产品内在质量调查，如消费者对产品品质、产品性能的要求及产品对消费者满足程度的调查；产品外观质量调查，如产品纯度、颜色、体积大小等的要求；产品包装装潢质量调查，主要是调查消费者对包装装潢、商标的评价；产品的售后服务质量调查。

c.产品价格调查。产品价格是影响需求和消费者购买行为的重要因素，适当的价格能提高商品的竞争能力和市场占有率，农户就是要通过市场调查获得所生产经营产品的价格信息，及时调整生产经营计划，确定自己的价格策略。在进行产品价格调查时，农户要了解哪些因素影响产品价格变化。影响产品价格变化的因素主要有：产品供求状况、竞争状况、心理因素。

d.产品发展调查。产品发展调查主要包括两方面内容：一是产品生命周期调查，即了解哪些产品处于试销期？哪些产品处于发展期？哪些产品处于饱和期？哪些产品处于滞销期？处于试销期的产品，消费者不太了解，产品利润少或亏本；处于发展期的产品，销售量迅速增长，利润大幅度上升；处于饱和期的产品，竞争加剧，产品价格开始下降；处于滞销期的产品，供过于求，价格下跌。二是新产品发展调查，即为了改进所经营的产品品种所作大调查，调查内容主要包括：消费者需要什么新产品、新品种？需要的迫切程度和普遍程度如何？市场上有没有类似的新产品？其销售状况和发展趋势如何？新产品、新品种的经济效益如何？这些方面的调查对农户确定自己的投入水平、生产规模和产品、技术的更新换代等都有十分重要的作用。

④销售调查

销售调查是指对一定地区、一定时期内产品销售市场的特点、消费者的购买行为、方式以及满足其需要的方法等做得调查。具体内容如下。

a. 产品销路调查，就是了解自己生产的产品的在销售市场的规模、特点及销售渠道等，销售渠道调查是销售调查的重要方面。

b. 购买行为调查，就是对消费者的购买动机、购买方式进行调查。购买方式主要是指消费者的购买时间、地点、付款方式等。掌握消费者的购买行为有利于农户采取相应的对侧满足消费者的需要。

c. 购买力调查。购买力是指在一定时期内用于购买商品的货币支付能力。购买力高低是影响市场需求量的决定性因素。

⑤竞争调查

竞争调查就是指对一定地区、一定时期内市场竞争情况的调查。竞争调查的主要内容有：

a. 自己生产的产品的竞争能力调查。了解自己生产的产品在市场上处于什么地位？质量如何？价格和售后服务及消费者的反映如何？

b. 同类产品的竞争能力调查。了解竞争对手同类产品的数量、质量、价格、生产规模、技术力量、资金量、产品特色、市场占有率、售后服务等情况。

c. 市场开发调查，即选择新的市场。不管农户采用哪一种方式开发市场，都要考虑市场机会的大小和自己驾驭能力的大小。

(3)市场调查的程序与方法

①市场调查的程序

a. 制定市场调查计划。在制定市场调查计划时首先要明确调查的目的是什么；其次是确定调查对象和调查范围；再次要确定调查方法；最后要安排好调查日程，制定各种调查表格。

b. 实地调查。调查者用科学和求实的态度进行实地调查和搜集资料，并对调查资料进行分类、整理和分析。

c. 提出调查报告。在调查分析的基础上，得出调查结论，提出建议或办法，供决策者参考使用。

②市场调查的方法

市场调查的方法很多，常用的方法主要有：

A. 文案调查方法。又称间接调查方法，是指通过查阅、阅读、搜集历史和现实的各种资料，并经过甄别、统计分析，得到调查者想要得到的各类资料的一种调查方法。文案调查方法要求：一是资料要广泛、全面；二是资料要有针对性；三是资料要有时效性。文案调查方法的具体方法有：文献资料筛选法，即从各类文献资料中分析和筛选出与企业营销活动有关的信息和资料的一种方法；报刊剪辑分析法；情报联络网法等。

B. 实地调查方法。包括访问法、现场观察法、实验调查法等。

a. 访问法。它是指将所拟调查的事项，以当面、电话或书面的不同形式向被调查者提出询问，以获得所需调查资料的调查方法。

b. 现场观察法。它是调查人员凭借自己的眼睛或借助摄录像器材，在调查现场直接记录正在发生的市场行为或状况的一种有效搜集资料的方法。其特点是被调查者是在不知晓的情况下接受调查的。

c. 实验调查法。它是指从影响调查问题的许多可变因素中选出一个或两个因素，将它们置于同一条件下进行小规模的实验，然后对实验结果做出分析，确定研究结果是否值得大规模推广。

C. 网络调查方法。它是指企业利用互联网了解和掌握市场信息的方式。网络调查方法具有组织简单、费用低廉，调查结果的客观性高，快速传播，采集信息的质量可靠，没有时空、地域限制，网络调查的周期大大缩短的特点。

2. 生产经营预测

(1)生产经营预测的概念及作用

预测是指根据某一事物过去和现在的实际资料，运用科学的方法对其未来发展趋势做出的推测。生产经营预测就是对生产经营决策中有重要意义的未来不确定性因素的发展趋势所做出的推算和估计，为生产经营决策提供科学的依据。生产经营预测在现代农业生产经营过程中有着重要的作用。

①生产经营预测是发展生产、满足需求的重要手段。市场需求是不断变化的，农产品的生产需要一个过程，即使按当时的市场需求来组织生产，当产品上市时，市场可能已经发生了变化。因此，现代农业生产经营者有必要对未来的市场做出预测，以满足市场需求。

②生产经营预测是现代农业生产经营者制定生产经营计划的重要依据之一。通过市场预测，根据消费者对产品的具体要求，制定合理的生产经营计划，保证产销协调平衡。

③生产经营预测是增强现代农业生产经营者应变能力和市场竞争能力的重要途径。通过生产经营预测，可以减少生产经营决策中的主观性、盲目性和随意性，掌握市场的主动性，提高生产经营的有效性，增强现代农业生产经营者的应变能力。通过生产经营预测，可以了解市场行情，为调整产品结构，生产适销对路的产品提供依据，增强现代农户的市场竞争力。

(2)生产经营预测的内容

生产经营预测的内容十分广泛，但一般来说，主要包括需求预测、资源预测和技术预测三个方面。

①需求预测

需求预测就是对市场需求情况进行预测，也称为市场预测。主要包括以下内容。

a. 预测市场对自己所生产的产品需求量的变化趋势，自己所生产的产品的市场畅销量和市场占有率的状况和发展趋势。

b. 预测市场对产品品种、规格、价格的变化趋势。

c. 预测城乡购买力的增加状况及购买力结构的变化趋势。

d. 预测自己所生产产品的生命周期阶段。

e. 预测国际市场需求、价格变化及发展趋势，探索国际市场变化的规律性。

②资源预测

资源预测主要是对劳动力、生产能力、物质供应的预测。

a. 劳动力预测主要是预测劳动者的数量和质量以及其满足经营目标的程度。

b. 生产能力预测主要是预测行业、自身、竞争对手在近期、中期、远期生产能力的变化情况。

c. 物资供应的预测主要是预测原材料、能源的供应量及价格变动趋势;预测可利用代用品的状况等。

③技术预测

技术预测主要包括:

a. 新产品开发预测,主要预测国内外新产品的发展趋势及自身开发新产品的方向;

b. 新技术、新工艺的预测,主要预测与自身开发新产品有关的新技术、新工艺的发展趋势及产生重大突破的可能性;

c. 技术指标预测,主要预测与自身生产经营有关的重要技术指标的发展变化趋势。

(3)生产经营预测的程序

科学的预测应按照以下步骤进行。

①确定预测目标和期限

确定预测目标就是要明确预测什么。确定预测期限就是明确预测多长时间内的情况(半年、一年、三年、五年)。

②影响预测因素的选择

选择影响预测目标的因素要注意两点:一是分析预测目标的性质和特点,寻找和研究对预测目标增大或减少的各种问题,使所选的影响因素与预测目标有因果关系;二是选择对预测目标最主要的或最综合的影响因素,并且有统计数据可以利用。

③搜集资料

资料是预测的重要依据,要从各种可能的渠道搜集资料。要注意资料的可靠性,即搜集的资料要有根据,有出处,要尊重客观事实,用科学的态度对待资料。对搜集的资料要进行整理分析、筛选,以确定定性、定量预测中的各种必要数据。

④选择预测方法

选择什么预测方法要根据预测的目标和搜集的资料以及对预测的精确程度、人力、物力、财力、科技条件和时间等情况而定。一般是在定性预测的基础上结合适当的定量预测方法。

⑤确定预测结果，提出预测报告

预测者应把预测的全过程、方法、结果、建议等以书面的形式报告给决策者，作为其决策的依据。

(4)生产经营预测的方法

生产经营预测的方法有定性预测和定量预测两大类。在众多的预测方法中，比较适合现代农业生产经营者采用的预测方法主要有如下几种。

①经验判断法

经营判断法是依靠经营者个人的经验和综合分析能力，在市场调查资料的基础上做出预测。

②用户调查法

用户调查法就是采用适当的方式，直接向消费者调查的方法。

③集合意见法

集合意见法就是预测者邀请与预测对象有关的人员和专家共同商讨，做出预测。

④德尔菲法

德尔菲法是由预测的主持者邀请部分专家组成专家小组，并将所要预测的问题和必要的背景材料，用信函的方式提供给各位专家，专家之间互不见面，背对背地发表意见，并将意见反馈给支持者综合、整理，然后再反馈给各位专家，进一步征求意见。这样反复多次，最后使专家的意见逐步趋向一致，为决策提供可靠的依据。

⑤ 简单算术平均法

简单算术平均法，就是把以前各期的实际统计数字加起来再除以期数，得出的数据可以作为下一期的预测值。如表 1-1：

表 1-1　某农户近几年产品销售量　　单位：千克

年份	2000	2001	2002	2003	2004	2005
销售量	9 250	10 050	11 500	14 000	15 000	15 550

2006 年的销售量预测值＝

$$\frac{9\ 250+10\ 050+11\ 500+14\ 000+15\ 000+15\ 550}{6}\approx 12\ 558.33(\text{千克})$$

简单算术平均法只适用于短期近似平均状态问题的预测。

⑥加权平均法

加权平均法，就是对以往不同时期的资料给以不同的重要性系数（权重），近期资料重要性系数大，远期资料重要性系数小，然后再加以平均作为预测值。如表 1-2：

表 1-2　某农户近几年产品销售量　　单位：千克

年份	2000	2001	2002	2003	2004	2005
销售量	9 250	10 050	11 500	14 000	15 000	15 550
重要系数	1	2	3	4	5	6

2006 年的销售量预测值＝

$$\frac{9\ 250\times1+10\ 050\times2+11\ 500\times3+14\ 000\times4+15\ 000\times5+15\ 550\times6}{1+2+3+4+5+6}$$

＝13 242.86（千克）

以往不同年份的资料的重要性系数之所以不同，主要是因为资料离预测期越近，对预测值的影响通常越大。

⑦增长比率法

增长比率法，就是根据本期比上期实际增长比率来推算下期的预测值。如：上述资料中，2005 年比 2004 年实际增长＝15 550/15 000≈1.037

2006 年的销售量预测值＝15 550×1.037≈16 125.35（千克）

这种方法没有考虑其他市场的变动因素，适用于对有比较稳定增长趋势的事物的预测。

⑧同期比较法

同期比较法，就是在过去同期数据资料的基础上，乘以适当的增幅百分比，作为下一期的预测值。

这种方法是由于农产品生产和消费具有季节性，以及人们的风俗习惯等原因，导致农产品月份之间的需求量及价格水平会有较大幅度的波动。此时，如果简单地采用前几期的平均值作为下一期的预测值，显然是不妥的。另外，从发展的角度看，正常情况下，每年同期的销售量应该比上一年同期有所增加，所以，用过去同期的数据资料，乘以适当增幅百分比，预测下一期的值比较适合。

3. 生产经营决策

(1)生产经营决策的概念

生产经营决策就是指为达到预定的生产经营目标，生产经营者根据自身的条件和市场需求，在多种可行生产经营方案中，选择最满意方案的分析判断过程。

(2)生产经营决策的程序

生产经营决策是一个发现问题、分析问题、解决问题的过程。科学的生产经营决策程序包括：发现问题—确定目标—确定价值准则—拟定方案—分析评估—方案选优(集体开会讨论决定)。

①发现问题

发现问题是决策工作的出发点，是经营者的重要职责。经营者应该根据既定的目的，积极地搜集和整理情报并发现差距，确认问题。

②确定目标

确立目标就是在调查研究、预测的基础上，确定在一定时间环境等条件下，所要达到生产经营数量、质量等指标。确立目标在决策中是非常重要的一步。目标错了，就可能引起整个决策的失误。目标的制定，要从实际出发，实事求是，留有余地。目标必须明确、具体。

③确定价值准则

确定价值标准是为落实目标，作为以后评价目标是否现实和选择方案的基本依据。

④拟定方案

拟定方案就是拟制多种可选择的、有原则区别的决策方案，以资比较和鉴别。

⑤分析评估

分析评估主要是运用数学方法，进行科学预测和可行性分析，科学地表达多种方案的利弊，揭示和描述事物的变化趋势，对其结果进行评估，评估时，要根据目标来考核各个方案的费用和功效，从而确立各种方案的有效性和可靠程度，为领导决策提供可靠依据。这是决策过程中的基本步骤，是决策成功的重要保证，也是决策科学化程度的重要标志。

⑥方案选优

方案选优就是经营者对各种方案进行比较鉴别，权衡利弊，选其优者或综合成一个好的方案，然后下定决心，做出抉择。

(3)生产经营决策的内容

现代农业生产经营决策的内容很多，主要有以下几个方面。

①目标市场决策

在确定自己生产什么产品时，首先应该考虑到的问题是：我的产品卖给谁？这就是目标市场决策。目标市场决策是在市场细分的基础上进行的。市场细分就是根据一定的标准把一个较大的由不同顾客群分成若干个子市场，再对子市场的顾客群进行需求及欲望的分析并归类。市场细分的标准有地理标准、人口标准、心理标准和行为标准。粗略地说，可供选择的目标市场有四类：第一，初级农产品购买者，这些人喜好购买未经加工的农产品；第二，高附加值农产品的购买者，这些人喜爱购买经过深加工、有包装或精美包装的农产品；第三，绿色产品购买者，这些人喜欢购买未施化肥、农药的农产品；第四，有保健、药疗效用的农产品，这些人喜爱购买芳香性、明目、健胃、低热量等的农产品。

②生产经营对象决策

生产经营对象决策就是对生产什么产品、生产规模、生产结构的选择和确定。这直接关系到农业生产经营能否占有市场,能否收回投资等。

③技术决策

技术决策就是选择和确定采用什么方式、什么技术来生产经营,以提高的经营效益。现代农业生产经营的技术选择标准应本着经济合理、技术先进、生产可行的原则。经济合理指的是该技术有利可图。技术先进即该技术能增产增收或合理利用土地、维护生态平衡。生产可行是指再实际生产经营中发挥作用,农户采用的技术必须符合自然条件、经济条件和技术基础三个条件。

④投资决策

选择正确的投资渠道是增加收入的重要手段。现代农业生产经营投资有经营性投资和证券投资。经营投资是在生产经营上的投资,如购置种子、农药、化肥、固定资产、新技术的引进、投资入股合作合营等。证券投资是指在证券市场上购买各种有价证券所进行的投资,如购买国债、金融债券、股票等。

⑤供应决策

供应决策就是生产经营所需要的原材料的采购时间、数量、渠道等的选择。

⑥销售决策

销售决策就是农户生产经营的商品的销售渠道、方式、范围、数量、时间、价格的确定,运输和储藏方式的选择。

⑦人力决策

人力决策就是生产经营活动需要多少人、家庭人力够不够用、是否需要找帮工或雇工,以及人工的合理报酬等的选择。

(4)生产项目选择与组合的原则

①综合利用农户资源的原则

充分合理利用资源是现代农业生产经营决策的重要原则。这既可以提高资源的利用率，又降低生产经营成本。

②发挥优势的原则

发挥优势就是要从实际出发，合理安排生产经营项目，充分发掘自然、经济、技术等方面的潜力，把潜在的资源优势转化为商品优势。

③各生产经营活动协调发展的原则

一般而言，在一定时间内农业生产经营者的生产要素是有限的。因此，现代农业生产经营项目的选择必须考虑各生产项目对生产要素的要求，使生产要素得到合理而科学的分配。

(5)生产经营决策的方法

①确定型决策

确定型决策又叫程序化决策和常规决策，是在能够准确掌握未来情况的状态下进行的决策。确定型决策通常采用的决策方法如下。

A. 直接比较法。对于简单的确定型决策问题，可以直接进行比较选择。例如，某农户准备购买一台农产品加工机械，为本村农户加工所生产的农产品。市场上有三种可供选择的机型，其价格、加工能力和加工成本如表 1-3。

表 1-3　三种可供选择的机型列举

机型	指标		
	价格/(元/台)	加工成本/(元/千克)	加工能力/(千克/月)
1	400	0.002	10 000
2	300	0.004	7 500
3	270	0.004	7 500

农户收取加工费的价格为 0.006 元/kg，本村农户每月需要加工农产品 7 500kg，该农户应该选择哪种机型？

决策的主要参考指标为投资回收期。在上述情况下，三种机型的投资回收期很容易确定，农户也很容易做出选择。

第一种机型投资回收期＝400÷[10 000×(0.006－0.002)]＝10(月)

第二种机型投资回收期＝300÷[7 500×(0.006－0.004)]＝20(月)

第三种机型投资回收期＝270÷[7 500×(0.006－0.004)]＝18(月)

比较的结果是第一种机型的投资回收期最短，盈利性最大；第三种机型次之。因此，在资金许可的条件下，应选择第一种机型；如果资金不足，可选择第三种机型。

B.顺序评分法。顺序评分的步骤是：

a.正确选定评价的项目和指标，作经济效益的分析一般选择产量、收入、消耗、用工等项目，然后就每一项内容选择一个主要指标参加评分。

b.计算各指标的指标值。

c.给各方案打分，得出各个方案的得分多少，比较各个方案的优劣。

例如，某农户有三种种植方式可供选择，具体项目、指标数值如表1-4。

表1-4　列举三种种植方式

项目	第一种种植方式		第二种种植方式		第三种种植方式	
	指标值	得分	指标值	得分	指标值	得分
亩产/千克	480	3	498	5	495	4
成本/(元/千克)	0.12	5	0.122	4	0.123	3
亩用工/个	12	4	13	3	11	5
亩纯收益/元	56	3	68	5	65	4
总得分	15		17		16	
选优次序	3		1		2	

注：指标值得分最高为5分，最低分为0分，1亩＝667米^2。

②不确定型决策

不确定型决策是指在只能预测可能出现的几种自然状况发生概率的情况下进行的决策。它的特征：一是存在着决策者无法控制的两种以上的客观自然状态；二是各个经营方案在不同的自然状态下的收益或损失可以计算出来。

不确定型决策一般是决策者在不能掌握全部信息，即不一定确切知道未来事件发生的可能性大小的情况下进行的选择，这种选择主要取决于决策者的主观态度和经验。决策者的主观态度可以分为乐观、悲观等可能性和最小后悔几种，对事件的未来发展持不同态度的决策者可能对同一问题做出的选择有可能是不同的。

例如，某农户准备生产一种新的产品，这种产品投放市场后可能是畅销，也可能销路一般，还可能是卖得不好，农户无法判定这三种情况发生的可能性大小。因此，农户面临着三种选择：是用全部资源生产该产品，或是用一半的资源生产该产品，还是用一少部分资源生产该产品？该产品在不同市场状况下的预期净收益如表1-5。

表 1-5　某单位产品在不同市场状况下的预期净收益　　单位：元

方案	市场状况		
	畅销	一般	卖得不好
全部资源生产	240	150	－20
一半的资源生产	185	135	30
少部分资源生产	120	80	43

注：表中数据为不同方案在不同市场状况下的净收益数值。

A. 乐观态度下的决策。在决策者对未来持乐观态度时，是以最好的设想来选择方案。即认为该产品在投放市场后一定会畅销，因此，决策者所选择的应该是用全部资源生产该新产品，因为该方案的净收益是最大的（240＞185＞120）。

B. 悲观态度下的决策。在决策者对未来持悲观态度时，是按最坏的设想来选择方案。即认为该产品在投放市场后卖的不好，因此，决策者所选择的应该是用少部分资源生产该产品。因为，在这种情况下农户获得的收益是最大的（43＞30＞－20）。

C. 等可能性态度下的决策。当决策者认为未来市场出现上述三种状况的可能性是相等的，此时决策者的决策过程如下。

a. 计算均等概率值。三种情况发生的概率均等，每种情况发生的概率为 1/3，如果有 N 种情况，则每种情况出现的概率为1/N。

b. 计算各个方案的预期的平均收益值。

预期平均收益＝∑〔每种市场状况下的收益值×该市场情况发生概率〕

∑：求和符号。

c. 比较各方案期望值的大小，选择方案。

例如，上述例子决策过程如下：各种市场状况的均等概率为1/3，

全部资源生产方案的期望收益＝（240＋150－20）/3≈123

一半的资源生产方案的期望收益＝（185＋135＋30）/3≈117

少部分资源生产方案的期望收益＝（120＋80＋43）/3＝81

决策者会选择全部资源生产方案。因为该方案预期的收益最大（123＞117＞81）。

D. 最小后悔态度下的决策。在某种市场状况下，各个方案的收益值中必有某个方案的收益值最大，决策者应该选择该方案。但是，如果决策者没有选择该方案二采用了别的方案就会感到后悔。他的后悔值就是最大收益值与所选择方案收益值的差额。如果有后悔的情况出现，决策者希望后悔值最小。在这种态度下，决策者的决策过程是：

a. 计算不同市场状况下的各方案的后悔值。

b. 比较不同方案的最大后悔值，从中选择数值最小的后悔值

所对应的方案。

如上例各方案不同状况下的后悔值如表1-6。

决策者为使后悔值最小会选择用一半的资源生产该新产品的方案。

表1-6 各方案不同状况下的后悔值

后悔值 \ 市场状况 / 方案	滞销	一般	畅销	最大后悔值	最大后悔值中的最小值
全部资源生产	0	0	63	63	
一半的资源生产	55	15	13	55	55
少部分资源生产	120	70	0	120	

③风险性决策

风险型决策是指决策者虽然对未来确切的情况无法知道，但可以判断未来情况可能发生的概率。而这种概率的判断，虽然根据可靠的定量信息和决策者的经验、直觉和对情况的了解，但与实际发生的情况不可能完全一致。或多或少总要冒一定风险，所以称为风险型决策。风险型决策通常采用决策树的方法进行决策。

如上例，决策者判断不同市场状况出现的概率见表1-7。

表1-7 决策者判断不同市场出现的概率

方案	畅销概率0.5	一般概率0.3	卖得不好概率0.2
全部资源生产	240	150	−20
一半的资源生产	185	135	30
少部分资源生产	120	80	43

决策树法决策过程如下：

a. 绘制决策树图像见图1-1。

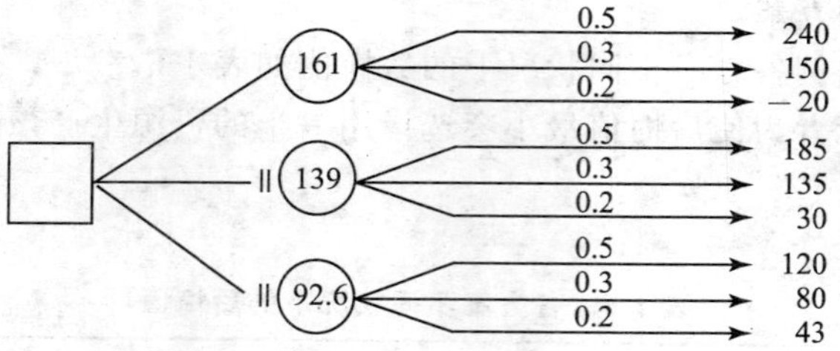

图 1-1　决策树

方框表示决策点，由此引出决策分枝，每一个决策分枝代表一个可供选择的决策方案；圆圈表示方案节点，由此引出概率分枝，每个概率分枝代表一个可能发生的状态；箭头表示结果点，用来反映每个方案在相应状态下可能产生的收益值；‖表示剪枝，即淘汰的方案。

b. 计算各方案的期望收益值，即加权平均收益值，并标在方案节点上方。

全部资源生产方案的期望值＝0.5×240＋0.3×150＋0.2×(－20)＝161

一半的资源生产方案的期望值＝0.5×185＋0.3×135＋0.2×30＝139

少部分资源生产方案的期望值＝0.5×120＋0.3×80＋0.2×43＝92.6

c. 比较各方案的期望收益值，选择期望收益值大的方案。

(四)生产经营核算与经济活动分析
——现代农业生产经营决策的基础

1. 生产经营核算与生产经营收入

(1)生产经营核算

生产经营核算,就是用统计和会计的方法,核算农户生产经营活动成果。农户生产经营核算,是以生产经营收支为基本内容,主要包括以下几点。

①在生产经营过程中各项生产经营收入、支出等情况。

②出售的各种农副产品,个人所得收入的增减变化情况。

③在生产经营过程中所发生的各种债权、债务的往来结算情况,以及现金、存款、固定资产、产品物资的增减变动情况。

④生产经营的盈亏,并考核分析农户全年生产财务收支情况,借以提高经济效益,增加收入。

(2)生产经营收入的内容

生产经营收入,既包括货币收入,又包括自产自用的实物收入。但不包括向银行、信用社和向亲友借款等属于借贷性的收入。

一般来说,农业生产经营者都存在自产自用的粮食、蔬菜、鸡蛋等农产品情况。在核算纯收入时往往将其忽略,导致农业生产经营收入的估算偏低。对于这些实物收入,生产经营者应参照本地同类产品市场价格进行估算,再汇总计入家庭纯收入。

2. 生产经营成本核算

(1)生产经营成本的概念

生产经营成本是与生产经营有关的一切必要的支出,主要有现金支出、劳务支出和实物支出。具体包括:人工费、种苗费、肥料费、农药费、水电费、管理费(如防治害虫、防旱涝、防贼、新技术培训等费用)、农舍费(如住宅、仓库、农具、水泥堆场和晒场、田间棚房等的折旧及维修费)、维修费(农田水利、农具和农业机械等)、折旧费(农具和农业机械等)、土地使用费用和不可预见的费用等。

(2)生产经营成本核算的程序

生产经营成本核算的程序,就是生产经营成本核算的过程,表明生产经营成本核算是怎么样进行的。

①确定成本核算对象

所谓的成本核算对象就是指对哪些产品进行成本核算,也就是说要确定这些成本核算的具体产品项目。因为农户生产的种类繁多,所以首先必须要把成本的核算对象明确下来,然后才能够清楚地反映在这个产品的生产过程当中各自的花费是多少。按照大的范围来说农产品分为了种植业和养殖业,与此相对应就有了种植业成本核算和养殖业的成本核算。养殖业里也有很多项目,比如,养鱼核算、畜牧业的核算,对每个项目还可以进行细分,如种植业里有小麦、玉米、大豆、水稻等。对一个农户来讲,一定要分类核算出每种产品的成本,以了解各产品的盈亏情况。

②确定成本计算期

农产品生产过程往往要经过很多阶段,而且许多产品是随着市场情况不断变化、不断销售的,所以在核算的时候必须明确这个成本是针对于哪一个时期的产品来计算的,这一个被确定的时期就是成本计算期 。

通常的成本核算期可以按照年度确定,如从公历的 1 月 1 日到 12 月 31 日作为一个成本核算期。这是一般的做法。当然也可以根据产品的生产周期的不同来确定。所谓产品生产周期就是从这个产品开始投料生产,到收获的这段时期。农户可以根据具体情况确定成本计算期。如以养鸡为例,养肉鸡一年生产 3～4 批,养种鸡至少一年之后才能更新,所以可以按照批次、按照群、按生产过程的月份来计算产品成本。

③确定成本开支范围

成本开支范围就是确定哪些费用应计入到产品成本里去，哪些费用不应计进去。不要把日常的生活开支列在成本当中。另外，农户在生产过程中要借钱，借钱要支付利息，这个利息要计入到成本里边。还有农户在经营过程当中可能按照国家政策规定要缴税，税款要分不同的情况，比如，增值税就不能计入到成本里去，还有一些是需要摊销费用的，比如，养鸡的鸡舍，鸡舍是一次性建设的，但是它可以用好多年，养很多批鸡，应该按照相关规定分几年摊销。

④确定成本项目

确定了成本的核算对象、成本的计算周期、成本的开支范围，下面就要具体确定成本的项目了。一般来说，成本项目分物质费用和人工费用两大部分，物质费用又分为直接的和间接的。直接物质费用就是这种费用就消耗在一种产品上，不需要分摊，比如，像种子费最明显，肥料费也这样。间接物质费用往往是与生产很多产品有关，叫做共同物质费用，比如，机耕费、水电费、管理费等。一块地分种了三种作物时机耕费等由三种作物共同承担，把这个费用按照一定的方法给它分配开来，就叫间接物质费用。

⑤建立成本核算原始记录

一个成本计算的时期可能很长，为了反映整个生产过程的用工和用料情况，农户还应该按成本核算对象设置原始记录登记簿。比如，可以设立固定资产登记簿，把一些固定资产的变化、适用情况登记下来；也要建立经营支出登记簿，登记经营支出化肥、农药、种子等的数量和费用；还有用工登记簿，人工费用要记账。再就是要建立经营收入登记簿，销售的产品、副产品收入和数量要登记。

这就是农产品成本核算的过程，确定对象、确定时期和确定计算范围，然后确定成本的项目，项目确定之后再把它分门别类的通过原始记录登记簿记录下来，通过记录这些数据，之后就便于到成本计算期末的时候把成本计算出来。

(3)生产经营成本核算中需要特别关注的生产要素

在农业生产经营成本核算中,以下生产要素常常被忽略,需要特别予以关注。

①土地使用费用

土地是一种稀缺生产要素。而且我国土地市场发育不完善,找不到可参照的市场价格。所以,我们可用地租来表示土地使用费用。具体确定的土地使用费可按当地农业土地租金标准计算。

②劳动力成本

劳动力成本的确定通常采用统计农业生产活动平均需要的工作日的数量与劳动力平均的工日值相乘的方法。因而,劳动力成本的确定关键是确定农业劳动力工日值。

农业劳动力工日值是指一个农业劳动力从事一天的劳动所应得到的报酬。农业不同于其他的社会生产部门,农民的劳动没有一个明确的报酬标准,测算时也面临不少困难。因此,农业生产中的工日值一般通过间接的方法求得,计算时应具体情况具体分析。目前通常可以采用的方法主要有:

a. 农村统计中的农民劳动日工资

在农村统计中,农民劳动日工资的计算公式为:

农民劳动日工资=农村上年人均生活费用支出×城镇居民上年生活费支出/城镇居民上年生活费收入×每个农村劳动力负担人口数/254天×当年计划指数/100

一般应用该公式测算的农民劳动日工资偏高,因而应同时采用其他方法校验,使之符合客观实际。

b. 农忙雇工价格。农忙雇工的工作,一般时间紧,工作强度也较大,部分时候天气状况也多恶劣,与正常的农业作业方式有所不同,因而在计酬时往往高于正常平均工作日的价格。同时在雇工时,本地剩余劳动力与外地剩余劳动力的价格也有差异,一般外地劳动力价格较本地的低。另外,雇主除支付相当于工资的现金外,一般还提供其他一些实物或服务,包括提供烟、酒、饭食、住宿等。

所以，应针对具体情况对农忙雇工价格进行修正，或适当地折价计算。

c. 转让义务工价格。农村公共建设如筑路、修渠、修水库堤坝等多为招募或分派义务工，不能或者不愿出义务工的可以支付一定额度的现金，由其他义务工或者招募的义务工完成其工作量。

由于这种义务工常常要离家出外，饮食、居住都十分不方便，且工作强度较大，在计酬时也高于正常平均农民工作日价格。所以，应采用适当方法折算。

d. 参照本地商业、工业企业工资。把当地商业、工业企业等部门职工的平均日工资适当降低，这种方法的难度是不好确定降低的幅度。

e. 农民外出务工的收入。依据农民外出务工的最低收入进行适当的修正，也可作为确定农民工作日价格的参照。

③农机的折旧

随着时间的推移，农户自行购置用于生产的农具和农业机械等都有一定程度的自然折旧和功能折旧。农机的耗损程度一般取决于使用状况，所以应采用工作量法计算折旧费。

按工作量法的农机折旧计算公式如下：

折旧额＝工作小时数×每工作小时折旧额

每工作小时折旧额＝(原价－残值)/总工作小时

上述公式中：原价是购买农机的所支付的钱；总工作小时是预计农机总的工作时间；残值是未来淘汰农机时可以卖的钱。

3. 生产经营活动分析

(1)生产经营活动分析的概念

生产经营活动分析是在生产经营过程中，运用各种经济核算资料和数据，通过科学的方法，对生产经营过程中的主要技术经济指标进行全面、系统的评价和分析。

(2)生产经营活动分析的方法

常用的生产经营活动分析方法有对比分析法和连环代替法。

①对比分析法

对比分析法也叫比较法,是生产经营活动分析常用的一种方法,也是最基本的方法。它的主要内容和方法是将性质相同的两种或两种以上的经济指标进行对比,找出两者的差距,分析差距产生的原因,查明各个因素之间的相互关系,对各项经济活动作出评价。在运用对比分析法时,必须注意采用的经济指标具有可比性,也就是在经济内容、计价标准、单位等方面应是可比的。

②连环代替法

连环代替法也叫因素分析法。这种方法是指某一总体指标在受多种因素作用的情况下,按一定顺序测定各个因素变动对总体指标变动的影响程度的一种分析方法。由于它能分析各种因素对事物变化的具体影响,并分析产生差距的原因、不同因素影响的程度,因此,便于发现问题,提出改进措施。连环代替法的特点是,当分析一个受多种因素影响的指标时,可以将各个指标逐个进行分析计算,找出影响经济指标的主要因素,并评价其影响程度,从而提出改进措施。

(3)生产经营活动分析的主要内容

①生产经营计划完成情况分析

生产经营计划完成情况分析包括产量计划完成情况分析和农产品销售计划完成情况分析。

②农产品成本分析

农产品成本分析包括农产品成本计划完成情况分析和农产品成本项目分析。分析农产品成本的目的,不仅在于了解成本情况,而且要对成本考核和分析,以便衡量成本水平,找出降低成本的途径。

影响农产品成本的因素很多,就实际成本和计划成本分析来说,主要因素有两个:一是实际产量和计划产量不同,产量发生了变化；二是实际费用和计划费用不同，生产费用发生了变化。农户成本分析一般采用比较法，常用实际总成本和计划总成本的降低率来表示。

③农户生产经营利润分析

经营利润是农户主产经营的盈余收入，它是农户的经营收入扣除成本、税金等支出的金额。利润是农户生产经营活动的最终经济成果，集中反映了农户经营管理工作的成果。分析利润的目的，在于查明利润升降的原因，以便提高利润水平。农户对利润进行分析，要从两方面进行。首先，是利润计划完成情况的分析。可以将本年利润与当年利润计划或上半年利润进行对比，看是否完成本年利润计划或比上年利润水平高或低，查明利润增减情况。其次，对影响利润增减因素进行分析。影响利润高低的主要因素有：农产品销售数量、销售价格和农产品产品成本。各因素变动对纯收入影响程度，可用因素分析法加以测定。

(4)生产要素使用的效果计算

衡量农业生产经营中生产要素使用的效果指标是农业生产经营总收入除以某种已投入生产要素价值或数量，此类指标可反映某一生产要素单位投入的效果，指标值越大说明效果越好。

劳动生产率＝农户家庭经营总收入/农户家庭经营中劳动力投入

劳动生产率是反映单位劳动投入的使用效果，劳动投入可以选用劳动力人数、全年劳动力工作时间或全年劳动力成本。

土地生产率＝农户家庭经营总收入/农户家庭经营中土地投入

土地生产率是反映单位土地投入的使用效果，土地投入可以选用土地面积或全年土地使用费用。

资金生产率＝农户家庭经营总收入/农户家庭经营中资金投入

资金生产率是反映单位资金投入的使用效果。

二、农业生产要素

(五)农业劳动力

——现代农业生产经营的主体

1. 劳动力与农业劳动

(1)劳动力、农村劳动力与农业劳动力

劳动力,是指人的劳动能力,是人在从事劳动时所能运用的体力和智力的总合。劳动力资源:包括劳动力的数量和质量两个方面,数量方面是指符合劳动年龄并有劳动能力的人数以及参加劳动但超过和不到劳动年龄的人数,我国劳动者的法定年龄是:男16～60周岁,女16～55周岁;质量方面是指劳动者的体力强弱、技术熟练程度以及科技、文化水平的高低等。

农村劳动力是指实际参加农业生产的劳动者在从事劳动时所能运用的体力和智力的总合。农村劳动力资源的特点:具有可流失性、可再生性和两重性等。我国农村劳动力的现状:一是大部分农村劳动力从事第一产业;二是农村劳动力主要从事体力型劳动;三是农村存在大量剩余劳动力。

在我国,就农业劳动力而言,其存在以下一些普遍性的特点:一是所受教育程度较低,大多不具备一定技能;二是自主择业意识不强,"等、靠、要"思想严重,并且就业要求不切合实际,本土观念较重;三是主要是体力型劳动力。

(2)农业劳动的特点

由于农业的特殊性,因而农业劳动具有以下特点。

①具有很强的季节性

农业劳动的对象主要是有生命的动植物或微生物。由于它们有自身的生长发育规律并受自然条件的制约和限制,形成了生产时间和劳动时间不一致的特点,使农业劳动具有明显的季节性。农忙时,需要大量的劳动力,并要求开展突击性劳动,以不误农时;而在农闲时,则农业劳动力出现大量剩余。为此,在耕作栽培上,要合理安排作物的茬口和布局,并积极开展多种经营,既要合理考虑农忙季节对劳动力的需要,又要使农闲季节的劳动力得到合理利用,以达到充分有效利用农业劳动力的目的。

②具有较大的分散性

由于农业生产的基本生产资料是土地,因而农业劳动是在广阔的田野上进行,即劳动分散,人、畜、机械作业空间较大。为此,对于农业劳动的组织要适合农业劳动分散性的特点,采用灵活多样的劳动协作形式,确定适宜的协作规模。

③具有一定的连续性

一个农业生产周期是由许多间断的但又相互联系的劳动过程组成的。每一项作业的劳动质量不仅会影响到下一项作业的劳动质量,而且还会影响到农业生产的最终成果。因此,在组织农业劳动时,应建立健全生产责任制,使劳动既重视劳动数量,又重视劳动质量,更关心劳动的最终成果。

④内容具有多样性

农业生产具有农、林、牧、副、渔等各业的生产,一般各自都需要采取不同的作业方式和技术措施,即使是同一行业或品种,但在不同的生产阶段所采用的作业方式和技术措施也不可能相同。这说明农业劳动的内容非常繁杂,种类多样,要求农业劳动者必须掌握多种技能,能从事多种劳动项目,进行多种劳动作业。

⑤成果具有不稳定性

一般来说，动植物的生产周期长，一般没有中间产品，要到一个生产周期结束时才会有劳动成果。农业生产不仅受人类生产活动的控制，而且受自然条件的影响。因此，农业劳动者必须根据自然条件和生物体的特点，在农业生产中灵活机动地做出决策，采取合理的应变措施。

(3)农业对劳动力的需求

农业对劳动力的需求主要具有以下几个特点。

①在数量和劳动时间上具有季节性

农业生产的基本特点是自然再生产和经济再生产交织在一起的。在农业生产的整个过程中，不同生产季节或不同的生产时期，对农业劳动力的数量需求和劳动时间长短的需求，存在着很大的差异。在农作物播种季节、收获季节或出现自然灾害的时期，农业生产对劳动力的需求非常大，对劳动时间的需求很长，而且对时间的限制性相当严格；而在农业生产的日常管理期间，对劳动力的数量需求和劳动时间长度需求，相对要少得多，甚至农业劳动力在一年中的很长时间无农活可做。

②在技能上具有复杂性

农业内部各行业对于劳动力的生产技能要求极不相同，而且就是在一个行业内部，不同品种或同一品种的不同生产时期，其对于劳动力的生产技能要求也是不一样的。因此，农业对劳动力的需求在生产技能上具有很强的复杂性。事实表明，由于农业对劳动力的需求在生产技能上的复杂性，从而使培养训练出一个合格的、掌握多种农业生产技能的农业劳动者实在不容易。

③质量在提高、数量在减少

在农业自然资源有限的前提下，农产品社会总需求的不断扩大，要求农产品的商品率和农业劳动生产率不断提高。因此，农业对劳动力需求的核心，将是劳动力的质量，而不是劳动力的数量，特别是随着“资本替代劳动”地不断推进，即随着农业的科技进步和生产装备水平的提高，必然要导致农业对劳动力的需求出现质量在提高、数量在减少的局面。

2. 农业劳动力利用与劳动力雇佣

(1)农业劳动力利用率

农业劳动力利用率，是指在一定时间内农业劳动力实际参加农业生产的程度，是从数量上考察农业劳动力的利用状况的。在农业劳动生产率不变的条件下，提高劳动力利用率就意味着在农业生产中投入了更多的劳动量。

现代生产经营者提高农业劳动力利用率，对于其搞好生产经营具有重要意义。从现实需要来看，可以从以下三个方面提高农业劳动力利用率：一是不断完善劳动组织形式。合理的劳动组织形式是提高农业劳动力利用率的必要条件。二是发展多种经营，在各种经营项目之间合理分配劳动力。三是不断向农业生产经营的深度和广度进军。

(2)劳动力的雇用

我国农村自实行联产承包责任制以后，农民的生产积极性大大提高，农村经济得到了快速发展。随着《中华人民共和国农村土地承包法》及《农村土地承包经营权流转管理办法》的贯彻落实，农村出现了许多新情况：农用土地流转明显加快，耕地利用率显著提高，有效地促进了土地的规模经营。

随着现代农业经营规模的扩大，劳动力的需求明显加大，同时产生了劳动力的雇用。首先要说明的是，在现代农业扩大经营规模以后，为了抢抓生产季节，“依法、自愿、有偿”地以一定的报酬雇请一定的劳动力进行作业，不是剥削，应该得到鼓励。

由于我国人口增长较快，加上城市化进程的加快使耕地被大量征用，农村劳动力资源非常丰富，如果现代农户经营规模得到扩大且经营状况良好，就可以雇用一定的劳动力。

①善于雇用具有一技之长的能人

雇用在种植、养殖、加工、销售、运输等方面具有一定长处的人，会与自己相互补充、相互完善，以扩展生产经营领域、提高农产品附加值、开拓农产品市场，从而更好地增收致富。

②尊重被雇用者的劳动和创造

要知人善任，注意调动被雇用者劳动和创造的积极性，以及主人翁地位，与其一起齐心协力发展农业生产经营。

③与被雇用者建立起合理的收入分配关系

可以通过吸收被雇用者为股东等，形成真正的利益共同体，降低风险，提高现代农户的生产经营水平。

3. 提高农业劳动力素质

(1)劳动力素质及其提高农业劳动力素质的重要性

劳动力的素质是指劳动者的体力强弱、文化水平高低以及技术熟练程度等。发展现代农业，提高农业劳动力素质的重要性，主要体现在以下几个方面：第一，对农业科技进步与技术推广起着直接的决定性的作用。由于农业劳动者科技文化素质低，导致其对新技术、新成果反应迟钝，缺乏接纳、消化、吸收能力，进而造成良种、技术等推广效果不佳，农业科技贡献率低。目前，一些先进的技术如计算机技术等也无法在农业中应用。第二，决定着驾驭市场的能力和农业的市场化进程。由于缺乏相应的市场经济知识，常常导致农产品生产趋同，造成农产品难以适应市场要求，出现“烂市”现象。第三，决定着农民收入提高的能力。由于农业劳动力素质低，造成农业生产的科技含量低，市场意识差，从而导致农产品的品质低，在市场上卖不上好价钱，但又生产成本高，从而农民从中所得的净收益就很少，影响了农民收入的提高。

(2)提高农业劳动力素质的主要途径

为提高农业劳动力的素质，应加大对未来劳动者和现实劳动者的教育和培训力度。

a. 重视和落实9年义务教育，遏制目前农村“文盲新生代”增长的势头。

b. 通过各级农业职业院校、农业广播电视学校、农民函授大学等加强对“未来农民”的文化科技教育。

c. 以县级农业广播电视学校和农业技术服务中心为基地，通过教、带、帮、扶等措施，加强对农民的实用技术培训，使他们真正掌握致富本领。

d. 要引导农业劳动力不断加强学习，努力提高自身文化素质和科技水平。

(3)对农业劳动力开展培训的形式

目前，对农业劳动力开展培训的形式主要有：

a. 鼓励和支持农业劳动力参加政府及有关部门举办的“绿色证书”培训班、“阳光工程”培训班、“新型职业农民”培训班、“持证上岗”培训班等，多种形式提高农业劳动力的科技意识和水平。

b. 鼓励和支持农业劳动力参加政府及有关部门举办的经营管理知识、政策法规及市场经济知识培训班，提高农业劳动力的市场经济意识和经营管理水平。

c. 通过生产经营活动中的教、带、帮、扶，在生产经营实践中培养生产和经营能手。

d. 结合实施农业科技项目，进行实用技术培训，提高农业劳动力的技能水平。

(4)“绿色证书”制度与“绿色证书工程”

①“绿色证书”与“绿色证书”制度

“绿色证书”实际上是我国的一种农民岗位合格证书，是农业生产经营者从事某个农业岗位应具备的基本知识和技能的证明，是国家认可的岗位合格证书。

所谓“绿色证书”制度，也就是农民岗位合格证书制度。它是农业生产经营者获得和使用绿色证书的规程，是通过法律、行政、经济等手段，对农业生产经营者从业的岗位技能要求，以及培训、考核、发证、使用等做出规定，并制定相应的配套政策，以确保提高农业生产经营者的科技文化素质。由于国外把对农业劳动者实行的先培训、后就业的持证上岗制度称为"绿色证书"制度，所以我国也采用了这一习惯说法。

我国"绿色证书"制度的实施范围，当前主要包括种植、畜牧兽医、水产、农村能源和农业环境保护等领域。农机管理和农村合作经济管理领域的农业机械驾驶、操作、维修以及农村会计、审计、合同仲裁等岗位，已经形成了一套完整的培训、考核、发证制度，凡从事这些岗位工作的农民，达到农业部规定的要求，所获得的资格证书可视同于相应的农民岗位合格证书，并具有同等效力。在实际工作中，一些地区的"绿色证书"制度实施范围还包括林业、农田水利等领域。

根据我国国情，实施"绿色证书"制度的主要目的是提高农业生产经营者的科技文化素质，在农村培养造就一大批觉悟高、懂科技、善经营、敢创新、会致富、能起示范带头作用的农农业生产经营者队伍，增加农民收入，促进农业生产和农村经济持续健康发展。所以，"绿色证书"培训的主要对象是具有初中及初中以上文化程度，从事农业生产、经营、服务活动的劳动者，以及一些农村中学的初中学生，重点是加强对农村基层干部、党团员、复员专业军人、农民骨干、专业户和农村妇女的培训。

②"绿色证书工程"

"绿色证书工程"是一个在我国建立和完善"绿色证书"制度，培养千百万农民技术骨干，实现科教兴农战略的农民培训项目。为了把这个项目落到实处，国务院办公厅于 1994 年初转发了农业部《关于实施"绿色证书工程"的意见》，决定在全国实施"绿色证书工程"，以建设幸福美好的社会主义新农村。"绿色证书工程"自 1994 年正式实施以来，到 2003 年年底，全国已有 2 106 个县开展培训，培训农民 2 296 万人，1 027 万人获得了绿色证书。"绿色证书"培训坚持"办一班、兴一业、富一方"的原则，发挥"户带组、组带村、村带乡"的示范联动作用，有力地推动了当地的农业产业结构调整和农民增收。

③获取"绿色证书"程序

农民获取"绿色证书"，其程序为：培训——考试——审核——发证，即欲获得"绿色证书"，由本人提出申请，经培训机构培训，到指定的考试机构参加规定内容的考试，经审核达到规定标准要求的，由"绿色证书"管理部门发给其全国统一样式的"绿色证书"。对于农民来说，其关键环节是"培训"和"考试"。

培训——申请取得"绿色证书"的农民，须掌握岗位规范规定的专业知识，接受相应的专业技术培训。一般应学习3～5门课程，300学时左右。农业成人中等专业学校、农业职业技术院校相同专业的毕业生，已学过农民岗位规范规定的培训课程，凭学校有关证明，可免于有关课程的培训和考试。如果只学过"绿色证书"有关岗位的部分课程，或跨专业申请取得"绿色证书"，所缺课程应当补学和补考。

考试——由省级农业部门根据岗位规范以及教学计划、教学大纲的要求，制定考试方案，规定考核的原则，统一安排和检查全省考试工作等。省级农业部门应建立试题库，逐步做到考试试题的标准化。具体的考务工作由县"绿色证书"制度工作领导小组统一组织。考试内容按照岗位规范的要求确定，一般包括三个方面的内容：基本概念、专业基础知识和专业技术等。从试题类型来分，包括三种类型：记忆型试题、理解型试题和应用型试题。

(5)"阳光工程"与"新型职业农民培育工程"

①"阳光工程"

"阳光工程"是2004年由国家农业部、财政部、劳动和社会保障部、教育部、科技部和建设部共同启动实施的农村劳动力转移培训项目，其具体内容是对有转移到非农产业和城镇就业意愿的农民，由政府财政补贴，在输出地开展转移就业前的职业技能短期培训。随着农业发展和新农村建设，"阳光工程"从2009年开始逐步尝试转型,2011 年实现全面转型,由农民外出务工就业培训转向就地就近转移培训转变,由服务城镇非农产业向服务农业经济发展和农村社会管理转变,主要开展种植业生产服务人员、畜牧和渔业生产服务人员、兽医服务人员、农机服务人员、农业经营管理和农村社会管理人员、涉农企业从业人员和农业创业人员等方面的培训。

②“新型职业农民培育工程”

“新型职业农民培育工程”是在农业部 2012 年确定 100 个试点县开展新型职业农民培育试点的基础上,从 2014 年开始由农业部、财政部组织,中央财政支持的新型职业农民培育项目。其每年确定一批示范县按照“科教兴农、人才强农、新型职业农民固农”的战略要求,坚持立足产业、政府主导、多方参与、注重实效的原则,以服务现代农业产业发展、服务新型农业经营主体发育、服务重大工程项目需要为导向,大力培育新型职业农民。重点抓好以下三项任务的落实:一是探索建立教育培训、认定管理、政策扶持“三位一体”,生产经营型、专业技能型、社会服务型新型职业农民“三类协同”,新型职业农民证书初级、中级、高级“三级贯通”的新型职业农民培育制度;二是开展示范培育,示范县作为新型职业农民培育重点示范区,发挥其示范带动作用;三是加快构建以农广校为基础的“一主多元”新型职业农民教育培训体系,整合各类教育培训资源,形成培育新型职业农民的强大合力,切实保障工程各关键环节落实。实际上,该项目实现了“三大创新”:首先是实现了从“培训”到“培育”的创新。培训是传授知识和技能的过程;培育则包括新型职业农民成长的全过程,即教育培训、认定管理和政策扶持。其次是实现了从“办班”到“育人”的创新。大力推行农民田间学校、送教下乡模式。同时,通过全过程培育,后续跟踪服务等方式,为培育对象创造良好成长环境和创业发展条件。再次,实现了从传统培训到现代化、信息化培训的创新。在坚持传统“手把手”、“面对面”培训指导的同时,充分利用现代化、信息化手段,开发智慧农民云平台,实现在线教育培训、移动互联服务、在线技术信息咨询、在线认定管理和绩效考评等。

(六)农村自然资源
——现代农业生产经营的基础与环境

1. 农村自然资源的基本内容

(1)农村自然资源的含义与内容

自然资源指存在于自然界的能为人类利用的自然物质。正确认识农村的自然资源要掌握以下两点:首先是自然资源的定性概念,即对人类有价值的物质是资源,没有价值的物质不能列入资源的范畴。其次是自然资源数量的概念,自然资源的数量首先取决人类的认识和利用的能力,随着人们认识和利用能力提高,一些过去无用之物也成为重要的资源。另外,取决于人口数量,对于农村来说,人均资源对经济和社会发展有更重要的意义。

农村自然资源主要包括:由光照、温度、降水等因素构成的气候资源;由降水、地表水、地下水构成的水资源;由地貌、土壤肥力、土壤植被等因素构成的耕地、林地、草地、水域、滩涂在内的土地资源;由各种动物、植物和微生物构成的生物资源;由各种可开采矿物组成的矿产资源,由自然景观、人文景观组成的旅游资源,以及农村能源资源等。

(2)农村自然资源的特点及开发中需要注意的问题

从开发利用的角度认识,自然资源有以下共同特性,这些特性决定了开发利用中要注意的问题有以下几点。

①整体性

自然资源是多因素、多层次、多结构、多功能的综合体。在资源与资源之间,资源与环境之间存在着相互联系、相互制约的关系,如生物、气候、淡水、土地资源之间存在着密切的关系,其中一个因素的变化将引起其他因素的相应变化。自然界中的生物也存在着平衡和制约的关系。这一特性决定了农村在利用自然资源时必须全面考虑,统筹安排。

②地域性

每一个地区的自然资源都有自己的特色,具有不同的种类和分布。自然资源具有空间分布的不平衡性。这一特点决定了农村在利用自然资源中要因地制宜,发挥优势,不能违反客观规律。

③可更新性

部分资源具有自我更新的特点,如土地的肥力可以恢复,水体能净化,生物可以繁衍。但可更新性要有一定的条件。土地肥力的恢复必须是在不沙化、碱化的条件下,水体的净化需要有生物生存的条件,生物的繁衍也需要一定群体的条件,离开了特定的条件,自然资源将失去更新能力。这一特点决定了农村对自然资源必须合理利用,保持良性循环。

④不可逆性

部分自然资源在人类利用中逐渐消亡。矿物资源用去一部分就少一部分,生物资源灭绝后不会再次出现。人类的长期生存与自然资源的不可逆性形成了尖锐的矛盾。为人类的将来和眼前的生存考虑,对自然资源都应该珍惜节用,保护培育,不能挥霍浪费。

⑤潜力无限性

每一个地区资源的潜力都是无限的,随着人类科技的进步和利用能力的增加,资源的经济能力也将增加。如土地的产量,材料的重复利用率,节能工艺和设备的创造发明等。我国的资源是有限的,但只要能重视科技,挖掘潜力,就能使资源在人类的生产和生活上发挥出更大的作用。

(3)我国自然资源的基本情况

与世界多数国家相比,我国的自然资源呈现以下鲜明特点。

①总量大,品种丰富

我国是一个跨越纬度多,山地面积大的国家,山地中有丰富的矿产资源,矿产品种多,储量高,超过了世界平均水平。我国有多种气候带，又有山地和平原，地形和气候条件使我国有多种动植物品种，超过了世界平均水平。

②人均占有量低

我国的人口密度远远超过了世界平均水平，使人均自然资源数量远远低于世界平均水平。由于人均占有的资源数量低，我国农村只有走依靠科学技术，依靠人的聪明才智，依靠产品质量，依靠精加工、深加工利用资源的道路。

③资源的分布不利于利用

我国资源分布不利于利用的主要表现有以下两个脱节。

a. 矿产资源和人口的分布脱节。我国92%的人口集中在从黑龙江的黑河到云南腾冲线以东地区，而50%以上的矿产资源分布在这条线以西的地区。我国的西部地区降雨少、植被少、土质差、气候恶劣，地形又以山地、峡谷、高原、荒漠为主，生存条件差，运输不便，使相当大比例的矿产资源既不可能通过运输又不可能通过移民得到利用。

b. 我国的水资源与耕地、能源资源的分布脱节。我国的黄、淮、海平原及松辽平原人口为全国的1/3，耕地为全国的1/2，是我国农业的黄金地区，但由于这一地区的水资源为全国的1/10，使农业发展困难。我国的长江、珠江流域水资源丰富，人口密集，是发展工业的良好地区，但这一地区缺少能源。我国北方能源丰富，但缺少淡水，由于在发展经济时需要多方面资源的联合应用，我国的这一自然资源分布特点加大了运输问题。

④资源的稀缺日益严重

稀缺可以从两个方面衡量。

a. 定性的衡量。自然资源稀缺的定性是，一是从不收费转为收费，如20世纪50年代前，我国很少有地方收水费，而当前收水费的农村越来越多；二是从不保护到受保护，如麻雀、山鸡等在2000年以后都已成为国家保护的动物，反映了这些动物的稀缺性。

b. 定量的衡量。方法主要有三种：一是储量用量比，这一方法主要用于衡量矿产的稀缺程度，通过预期开采时间来测定稀缺性；二是单位生产成本或开采费用，如采矿价格的提高也反映了矿产的稀缺；三是发现新矿的费用。矿产的寻找难度加大、费用提高，也是其稀缺程度增加的反映。由于我国未来还要保持一定的发展速度，需要投入更多的资源，资源的稀缺问题会更加严重。

2. 水资源

水是人类生产和生活中不可缺少的资源。随着农村生产发展和生活改善，对水资源的需求也在不断增长，无论是从生产发展还是从生活改善的角度，农村都要搞好水资源管理。

(1)水资源的特征与功能

水资源是指可供人类生活、生产开发利用的大气降水、地表水和地下水。水资源是一种动态资源，大气降水和地表水、地下水之间不断循环运动，形成自然界的水循环。大气降水是陆地水资源的基本来源。由于水的循环主要依靠太阳辐射的热能，而地球接受太阳的热能又是一定的。因此，大气降水是有一定限量的，水资源虽然是取之不尽，用之不竭的，但在一定的时间内又是有一定限度的。

水是人类赖以生存的物质基础，没有水就没有生命，也不会有人们的生活，更不会有生产活动；水是农业的命脉，是农业生产物质和储量转化的重要因素，水是环境的基本要素，对自然地理环境的形成具有决定性影响，没有洁净的水，就会破坏自然生态系统的稳定性。总之，水资源与农村生产、生活息息相关。合理开发利用水资源，是关系农村发展的大事。

(2)水资源与农业生产的关系

①水对农作物的生长发育起着重要的作用

在农业生产中，水发挥着不可替代的作用。首先，水是绿色植物进行光合作用的基本原料之一，光合作用的基本原料是水和二氧化碳。第二，水是植物养分输送者和生理活动的必需成分。另外，植物的生理活动，如细胞的分裂及内部各种生理生化反应，都只有在水的参与下才能够正常进行。第三，水的蒸腾作用能够调节植物机体的温度和促进根部吸收水分和养分。让植物体有一个适宜的温度范围。

②水资源对农业生产的其他作用

a. 水的热容量性。由于水的热容量大，可形成温度的“迟滞效应”和恒定过程，增加水量，可在一定程度上缓解或避免自然界气温骤变对农作物所造成的不利影响；减少霜冻等危害。

b. 水的热膨胀性。当水由液体冷却时，在其温度下降过程中，水的体积逐渐收缩。当温度从4℃降到冰点时，其体积却不再收缩而发生膨胀，这种现象有利于水生物越冬。而且水的这种特性，还能促进土壤疏松，促进风化过程，改善土壤的颗粒结构，有利于营养元素的释放，有利于作物根系的生长。

c. 水的溶解性。水具有很强的溶解能力，几乎能溶解任何物质，是生物体和自然界中营养元素的迁移、积累、供应等的天然载体。在农业生产过程中，人们也可利用水溶解度大的功能，施肥时可酌情选择在下雨前后或灌溉前后，以使化肥能迅速溶于水，供农作物吸收利用，从而提高化肥的利用率。

水还有表面张力大、热传导高等特性，这些特性对农业生产都具有重要的意义。因此，在进行农业生产的过程中，要根据水的不同特性和功能，结合农村当地各种农作物的实际，因地制宜合理利用其有利的一面，避开其不利的一面，以提高农业的生产效益。

(3)水利管理

我国大多数农村有水利工程，这就带来水利管理的问题。

①农村水利的性质与管理内容

因水利工程要面向社会，故此，多数需要政府组织、财政投入，农村主要是配套，水利工程具有公益的性质。但水利工程向农户提供用水是应用于农户经营，这就使水有了商品属性，农户用水应当付费，以便使水利工程能够持续运行。

为使水利工程发挥应有的作用，农村需要建立用水的组织，并受乡政府的行政领导。乡村组织在进行活动中，主要负责水利工程的配套渠道建设及其附属建筑物和田间工程的养护、维修和管理。通过专业或业余灌溉服务队，开展所辖区用水计划的编制、申请和灌溉期间的配水、送水工作，执行用水计划，维护用水秩序，解决用水纠纷，组织本级渠道的防汛抢险和岁修清淤，收取用水户水费，对用水户进行田间灌溉的技术指导和示范推广工作。

②农村用水的管理

目前，我国农业生产经营是用水的主体，为了更好地管好水，用好水，管理者有义务组织农业生产经营者对农业用水的管理。

用户参与农业用水多数是加入到政府授权的用水协会，在一定区域内由用水户民主管理。协会管辖范围内工程的运行费用由用水户自己承担，政府所属的专管机构对用水户协会给予技术、设备等方面的指导和帮助。

在用水前，需要准确核实用水的面积和用水的对象。在农业产业结构调整时，同等面积的农田用水量会有很大的不同，如，蔬菜、瓜果、苗木、花卉对灌溉、排涝和抗旱的标准与大田作用不一致，此时需要建设标准更高的水利配套设施。对于这些需求，需要乡村组织制定用水计划并向水利主管部门报告。每年还需要组织检查相关设施，进行必要的保养与维修，保证其处于良好状态，在用水后要及时收费并向主管部门上缴费用。

③水利设施的管理

当前，我国不少农户进城经商或从事其他生产经营活动，无暇顾及浇地。为解决新时期的问题，部分农村成立了专业浇地服务队，向村民提供灌溉服务。在工程的保养和维护方面，也由组织农户参与转向组织由技术人员组成的专业工程维修队完成。实践证明，专业队伍有更高的效率，更好的效果，不但受到了农民欢迎，而且提高了效率，降低了费用。

3. 气候资源

气候资源包括太阳辐射、热量、水分、空气，风能等。它取之不尽，循环往复，可以为人类的物质财富生产过程提供原材料和能源。

(1)气候资源的概述

①农村气候资源的内容

农村气候资源主要是指一个地区气候对农业生产所提供的自然条件、物质能源及其对农业生产发展的潜在能力。它包括太阳辐射、日照时数、热量、水分和空气等因素。表现在：生长期的长短、无霜冻日数、热量和降水量的多少、光照时数、太阳辅射强度和光质状况，以及影响这些资源有效利用的农业气象灾害情况。农作物生存和生长所必需的气候条件是许多气候因素的综合环境，但并非所有气候条件都是作物所必需的，其中只有光、热、水、气（主要是二氧化碳）是需要。

②气候资源的特点

气候有其独特的规律，特点可归纳为如下几个方面。

a. 人类目前还难以有效控制。气候资源的各种因素，如太阳辐射、温度、降水、风等都是自然界客观存在的，人类现在仍无法控制，甚至轻微地改变这些因素的强度和方向都很困难。但在一定的区域，能够在很小范围稍微改变小气候，如种覆盖作物遮盖地面以减少辐射热，营造防护林带防风和增加温度等。所以，我们在利用气候资源时，既要顺其自然，又要积极努力。

b. 变化有规律可循。从农村来看，各个地区总是冬尽春至，昼夜轮回，周而复始，循环不已。一个地区的光照、湿度、降水等资源不但有明显的周期性季节变化，而且年年基本相同。由于农业气候资源年复一年地更新循环，使我们可以从长期的经验中做出经营决策，因时制宜，不误农时。

c. 不同地区资源不同。由于海陆分布、纬度及地势地貌的不同，造成各个地区气候资源的明显差异。有的地区降水量大，水资源丰富，有的地区干旱少雨，日照强烈。有的地区四季如春，有的地区四季分明，有的地区炎热，而有的地区寒冷。不同的温度、湿度、光照、温差使我国农村适合于不同的农作物生长，使农村管理者可以因地制宜，做出不同的决策。

d.变化不可完全预知。气候变化的大趋势是可以预知的，但对于变化的具体时间、具体程度目前还不能完全预知。特别是对于年降水的数量，年温度的最低点和最低时间，对于暴雨、台风、寒流、干旱、冰雹等目前还不能准确预报，这就带来了生产条件的不确定性，使农村管理者决策生产项目时需要自己判断，也需要承担风险。

(2)灾害天气及预防

我国地域辽阔，气候资源丰富，但也有灾害性天气(图 2-1)。预防气候灾害是农村管理者面对的一个重大问题。主要灾害有以下几种。

图 2-1　防灾减灾日标志

①干旱

我国各地区的年降水是十分不稳定的，干旱是广大农村都有可能面临的重大灾害之一。干旱不但严重威胁农业生产，而且对农村生活有一定影响，由于干旱，不但农作物受灾，而且严重时还会造成农村饮水的困难。

为防治干旱，我国农村自古以来就有兴修水利的传统，通过蓄水、引水、打井、筑坝将水储存起来以应付干旱。另外，在干旱的时期，要种植耐旱的作物，采用节水灌溉等。在有条件的农村，在形成降雨的天气条件时，还可以采用人工增雨等减少干旱的危害。

②水涝

水涝一般是暴雨和连阴雨造成的。我国南方地区夏季常有暴雨和连阴雨，但由于有相应的防御措施，一般不会造成灾害。只是在台风等特殊天气过程中，由于雨量过大过于集中，会形成灾害天气。我国北方少有大雨，更不要说暴雨，在常年无雨的农村，暴雨造成的灾害特别严重，不但庄稼受灾，而且道路和房屋也往往受到严重影响。

防治水涝灾害的主要方法有：兴修水利设施，加强气象预报，提前做好应对方案，如果能够提前预知，可以栽种对水涝有一定防御能力的作物。

③冰雹

我国是世界上冰雹灾害最严重的国家之一，减轻其灾害有利于发展农业。人工防雹可使云中的雹胚不能形成冰雹，或者在小冰粒变成冰雹前就降落到地面。目前，人工防雹所采取的方法有：用火箭、高炮直接把碘化银、碘化铅、干冰等催化剂送到云里去；在地面上把碘化银、碘化铅、干冰等催化剂在积雨云形成以前送到大气里。在农业防雹方面常采取的措施有：在多雹地带，主要种植牧草和树木，增种抗雹和恢复能力强的农作物；成熟的作物及时抢收，避免冰雹的伤害。

人工防雹至少要以村为单位，在村中作物基本相同的地区，防雹容易得到全体村民的理解和支持。

④冻害

冬季寒流可越过南岭，达到我国大部分地区。寒流可使农村的温度 24 小时内下降十几甚至二十摄氏度，对于部分农作物，果树、设施农业中的作物以及畜牧业均可能造成严重影响。

我国冬天的最低温度常常有很大的变化，在极端气候条件下，部分农村会遇到几十年不遇的低温，畜牧业、部分树林甚至耐寒的冬小麦也有可能受灾。

为防冻害，农村管理者需要积极了解天气的变化，提前采取措施，如小麦提前灌水，可以增加积温，对防止冻害的一定的作用。对于温室中的作物，可以增加保温设施，有条件的温室还可以人工增温。对于养殖的动物，部分可以提前出栏，不能出栏的动物，通过舍饲，增加营养等，也可以在一定程度上起到减少灾害的影响。

⑤风灾

平均风力达6级或以上(即风速10.8米/秒以上),瞬时风力达8级或以上(风速大于17.8米/秒),以及对生活、生产产生严重影响的风称为大风。高出地面10米平均风速28.5～32.6米/秒的称为暴风。大风和暴风会造成农作物的倒伏,水果的掉落,甚至树林刮断,对于捕捞业以及水面养殖业也有严重的影响。

为减少风灾,我国不少农村大量种植防风林,对防止风沙起到一定的作用。对于台风、农村一定要有预案,在得到预报后提前采取措施。

(3)合理利用气候资源

①全面深入掌握情况

要利用好气候资源,首先需要对气候资源有全面深入地了解。全面就是对本地及其他地区的日照,降水、温度等气候资源都要了解,深入即不仅仅认识近期气候资源的表现,而且要认识相当长时间内气候资源的情况。之所以要认识长期变化是因为农村中的部分基础设施要从长远建设来考虑,如部分建筑物要从百年大计的角度考虑,要做到这些,没有对气候情况的长期了解是不行的。全面深入地掌握了气候条件,才能做出有根据的决策。

②认识比较优势

认识比较优势,指从全球的角度,找到在气候上本村最适合的产品。我国的农业区划工作者根据各地的气候资源给出了不同地区的比较优势,农村种植当地最适宜的作物,能够取得相应的竞争优势,如我国的吐鲁番地区由于温差大,光照好,是世界上最适宜葡萄干生产的地区。新疆地区日照强,温差大,是世界上少有的能够生产长纤维棉花的区域。陕西是最适宜苹果种植的区域,当地生长的苹果可以大量出口。

除了要认识全球竞争力外,对于区域综合竞争力也要有所认识,如我国不少山地气候冷凉,种植粮食作物产量低,但在伏天时相对温度低,此时其他地区的蔬菜已经停止了生长,山地蔬菜正好填补了蔬菜不足，形成了特殊的产品优势。

农村管理者的重要工作之一是找到当地具有全球性，全国性或者是地区性的气候优势，组织当地最有优势产品的生产和销售。

③顺应规律发展生产

在很多情况下，顺其自然发展可能有更好的效益。如，甘肃省灵台县气候湿润，降雨充沛，非常利于野生酸枣的生长。过去种地，最让农民头疼的就是到处是挖不绝的酸枣树。通过学习农民认识到，顺其自然可能会的更好效果。思想转变后，农民改为在全县发展酸枣嫁接大枣。这一改变不但减少了投入而且增加了产出，还有良好的生态效益。

4. 生物资源

自然界中可供人类利用的有生命的活体统称生物资源。根据生物资源的特性，合理利用和保护生物资源，是农村管理者的重要任务之一。

(1)生物资源的分类

要系统地认识和有效开发利用生物资源，首先要从资源学的角度对它们进行科学分类。常见的分类方法有两种。

①按照自然属性划分

按照生物的自然属性可将生物资源分为以下三类：

a. 植物资源。包括陆生植物和水生植物两大类。前者分为天然植物资源(如森林资源、草场资源和野生植物资源等)和栽培植物资源(如粮食作物、经济作物及园艺作物资源)。后者如各类海藻及水草等。植物资源作为第一性生产者，是维持生物圈物质循环和能量流动的基础。

b. 动物资源。动物资源通常包括驯养动物资源(如牛、马、羊、猪、驴、骡、骆驼、家禽、兔、珍贵毛皮兽等)、水生动物资源(如鱼类资源、海兽与鲸等)及野生动物资源(如野生兽类和鸟类等)。它与人类的经济生活关系密切，有些资源不仅可提供肉、乳、皮毛和畜力，而且是发展食品、轻纺、医药等工业的重要原料。野生动物资源在维持生物圈的生态平衡中起重要作用。

c. 微生物资源。能被人类直接或间接利用的微生物总称为微生物资源。如食用菌类、药用菌类、固氮菌类等。微生物的最大特点是小，一般需要借助仪器才能看到，但繁殖速度快，代谢强度高，分布广泛，在空气、水、土壤、动植物机体中都有微生物的存在。

②按照生物资源的经济价值划分

按照生物资源的经济价值，首先把生物资源分为植物资源、动物资源和微生物资源三大类，然后在每一大类内又根据其经济价值进一步划分。如植物可分为粮食作物、经济作物、蔬菜作物、饲料作物、药用植物、果树资源、林木资源等；动物可分为肉用、毛皮用、药用、观赏等，微生物可分为农业用、工业用、药用、环保用等。

(2)生物资源的保护

生物资源要持续利用，首先要保护。如果没有保护，将导致某些生物资源枯竭，保护要坚持以下原则。

①永续利用的原则

人类利用生物资源已有几百万年，说明生物资源可以长期利用。但生物资源是以种群形式存在的，如果过度利用，超过了种群延续的极限，就很难恢复，甚至不可能恢复。如，对于森林资源来说，如果利用过度，形成水土流失，则有可能需要几百年甚至更多的时间才能恢复。一个野生动物的种群恢复也至少需要几十年。生物资源的这种特征，使我们在利用某一生物资源时必须掌握该种生物的生长发有、繁殖规律，考虑其利用的方式、程度，再制订出合理的利用计划，使其能够持续利用。

②组合优化原则

自然界每一类生态系统彼此依赖，互助互惠，而又相互制约、激烈竞争，共同对生态系统的进化、发展做贡献。一个生态系统种类组成越丰富，它们彼此之间的关系也就越微妙。破坏了一个环节，可能会对整个系统带来严重的危害。如历史上苏联为了保护野羊，曾出动直升飞机大量猎杀狼，由于野羊没有了天敌，病羊无法消除，造成疾病流行，后来不得不引进狼群。然而，生态系统中的物种，特别是外来物种有的会破坏系统的多样性，外来的某些植物会影响当地部分植物的正常生长，外来的个别动物会破坏当地的动植物平衡，外来的昆虫会对当地的昆虫和植物带来严重的危害。依据这一原则，在农村发展建设中，既要适当保护多样化的生态系统，保护多样化的生物品种，利用生物间的作用，形成有利于发展的生态环境，又要在引进外来品种时慎之又慎，防止生态灾害的发生。

③生态改进原则

当前，人们可以利用更多的生物资源，有更多的粮食和肉类、鱼类。其重要原因之一是人们能够掌握自然的规律，利用生物的条件，使生物产量不断提高。如，农村普遍重视改善土壤结构，形成有利于生物成长的水、肥、气、热等的配置。这样年复一年，农田越种越肥，产量也愈来愈高。生态是可以改进的，也是可以恶化的，如果不重视生态改进，则会形成生态恶化，如 20 世纪时，苏联及美国等都有过度开发带来的荒漠化，不但土地不再适宜耕种，而且带来了生态灾难。20 世纪 60 年代，我国对于草原的过度开垦也曾带来类似的问题。因此，在利用生物资源时，要强调利用，又要注意维持和保护，把长远利益和眼前利益结合起来，为持续发展创造良好条件。

(3)生物资源的利用

在生物资源的利用中，要把握以下几点。

①掌握生物资源的现状与变化

要合理开发利用农村的生物资源，首先要掌握本地生物资源的家底，认识当地都有哪些生物资源。对于山区农村、沿江、湖边、海边的农村，还需要认识山中、水中、海中都有哪些生物资源，不但要认识动植物资源，而且要通过科技手段了解和认识微生物资源。

在对生物资源现状了解的基础上，还要对当地生物资源的变化有一定的认识，在发展过程中，哪些生物资源有所增加，哪些生物资源正在下降或减少，增加和减少的原因是什么，这些生物资源的变化会带来哪些问题等。掌握生物资源现状及其变化是利用生物资源的基础条件。

②发现生物资源的变异

一般来说，生物资源的特性是十分稳定的，山楂树开白花，桃树要三年结果，这些生物特性可能几千年，上万年也不会发生变化。但自然界毕竟是非常复杂的，在各种因素的作用中，个别生物会发生这样那样的突变，其中有些突变有重大的经济价值。在某些地区，要认真观察，找到这些突变并加以利用，能够明显提高农村的收入。

③积极引进新资源

当前，引进新品种、新作物仍然是农业和农村发展中增产、增收的重要手段之一。除了国家农业部门、科研单位组织的引进外，我国不少农村集体经济组织，部分农民的引进也起了一定的作用。如黑龙江的农民引进了芬兰的银狐，不但毛皮质量高、体型大，而且发病率低，对发展当地养殖业起了一定的作用。在特种养殖、水产养殖、花卉种植等方面，不但村集体，而且农村家庭都有能力引进新的生物品种，并能够取得一定的经济效益。

④防止外来物种侵害

任何事物都有两面性，世界各国在引进外来生物资源取得巨大成就的同时，部分外来物种的不适当引入也带来了巨大的生态灾难。这些外来物种中，不少是因检疫不够等带来的，如进入我国的美国白蛾，但也有一些是人们主动引进的，如，给水乡带来巨大危害的水葫芦，最初是作为饲料新品种由科研单位引进的。在我国水田中造成重大危害的福寿螺，是20世纪80年代初作为养殖新品种引进的。由于缺乏天敌，过量繁殖，这些生物给农村生产带来极大的危害，而且很难根除。所以，农村在引进新品种时，一方面要看到新品种有利的一面，同时也要科学论证，严格控制，不要让外来品种造成对当地生态环境的危害。

⑤利用新技术挖掘生物资源潜力

利用生物技术，挖掘生产潜力是我国不少农村致富的重要途径之一。比如，我国部分山区有稻壳、稻草、棉壳及各类木料等含纤维较高的物质，在很长时间，这些主要用作烧火做饭，后来发现，这些材料可通过微生物的作用，做成培养棒，生产木耳、银耳、香菇等食用菌，部分山区以此走上了致富路。也有不少农村，通过发展特种种植、养殖，使当地野生的动物、植物有更大的产量，既丰富了人民的生活，也提高了村民的收入。

(七)农用土地

——现代农业生产经营最为重要的生产要素

1. 土地及其承包经营

(1)土地及其分类

土地是最重要的农业自然资源,是农业生产经营活动中不可替代的生产要素,其概念有广义和狭义之分。广义的土地是指由地球表面陆地部分和上下空间的自然物及人类活动的种种结果组成的经济自然综合体,包括土壤、地貌、岩石、植被、水文、内陆水面、滩涂和大气层等。狭义的土地仅指地球表面的陆地。

土地按地形特征分类,主要有以下几种。

①平原

在我国,平原约占全国面积的12%,主要有三大平原,即东北平原、华北平原和长江中下游平原。

②盆地

在我国,盆地约占全国面积的19%,主要有四大盆地,即塔里木盆地、准噶尔盆地、柴达木盆地和四川盆地。

③丘陵

在我国,丘陵约占全国面积的10%,主要有四大丘陵,即东南丘陵、两广丘陵、江南丘陵和浙闽丘陵。

④高原

在我国,高原约占全国土地面积地26%,主要有四大高原,即黄土高原、内蒙古高原、云贵高原和青藏高原。

⑤山地

在我国,山地约占全国面积的33%。

此外,土地按用途分类,可以分为耕地、园地、林地、牧草地、居民点及工厂。

(2)土地承包经营及土地承包经营权

土地承包经营是指集体经济组织与其成员，为发包、承包农民集体所有的土地，通过签订承包合同，约定双方的权利义务，使承包者在该土地上从事种植业、林业、畜牧业、渔业生产的行为。

土地承包经营权是指个人、单位通过依法订立承包合同所取得的对集体所有或者国家所有的土地从事种植业、林业、畜牧业、渔业生产经营并获得收益的权利，以及《中华人民共和国农村土地承包法》第五条："农村集体经济组织成员有权依法承包由本集体经济组织发包的农村土地。任何组织和个人不得剥夺和非法限制农村集体经济组织成员承包土地的权利"所赋予的权利。

(3)土地承包经营权的法律特征

土地承包经营权具有以下法律特征。

a. 承包经营权的主体可以是本集体经济组织的成员，也可以是本集体经济组织以外的单位和个人。

b. 土地承包经营权是根据发包人和承包人依法订立承包合同而产生。当事人双方的权利和义务由承包合同确定。

c. 承包经营的客体是土地，包括种植业用地、林业用地、畜牧业用地和渔业用地。

d. 承包经营的内容以使用和收益为主，是以土地为基础从事农业生产经营活动并获取收益的权利。土地承包经营权的内容与土地使用权的内容一样，包括占有、使用、收益三种权利。土地承包经营权的法律依据是《中华人民共和国农村土地承包法》，其目的是为了稳定和完善以家庭承包经营为基础、统分结合的双层经营体制，赋予农民长期而有保障的土地使用权，维护农村土地承包当事人的合法权益，促进农业与农村经济发展和农村社会稳定。

土地承包经营权法律关系包括主体、客体和内容三个方面。按照《中华人民共和国农村土地承包法》的规定，土地承包经营权的主体是发包方和承包方。发包方：农民集体所有的土地依法属于村农民集体所有的，由村集体经济组织或者村民委员会发包；承包方：家庭承包的承包方是本集体经济组织的农户。土地承包经营权的客体是集体所有的或者国家所有依法由本集体使用的农村土地。

2. 农村土地承包合同

(1)农村土地承包合同的概念与特征

农村土地承包合同是指农村集体经济组织的成员或农村集体经济组织以外的人与其集体经济组织之间签订的承包农村土地，并交付一定收益的协议。农村土地承包合同为民事合同的一种，它具有如下法律特征。

①主体具有特定性

农村土地承包合同的发包人只能是农村集体经济组织，包括村内各农村集体经济组织或者村民小组、村经济组织或者村民委员会、乡（镇）农村集体经济组织等。

②客体的特殊性

农村土地承包合同的客体是集体所有或国家所有依法由集体使用的农村土地的使用权。《中华人民共和国农村土地承包法》第二条规定的农民集体所有和国家所有依法由农村集体使用的耕地、林地、草地以及其他依法用于农业的土地是农村土地使用权的载体。

③期限具有长期性

农村土地承包合同的客体为农村土地，而土地的生产、开发周期都很长，故农村土地承包合同的期限一般也较长。

④承包人依法取得的承包经营权受法律保护

根据物权法定原则，《中华人民共和国农村土地承包法》对承包地的取得、交回、调整、补偿、合同权利义务等内容作了专门规定，不能因合同其他因素的改变而改变。

⑤形式的特定性

《中华人民共和国农村土地承包法》明确规定发包方应当与承

包方签订书面合同，因此，与其他民事合同形式上的多样性不同，农村土地承包合同在形式上具有特定性。

(2)农村土地承包合同的类型

农村土地承包合同按照不同的标准可以区分为不同类型。

①按照承包方的主体资格分类

按照承包方的主体资格的不同，可以区分为发包方与本集体经济组织成员订立的承包合同和与本集体经济组织成员以外人员订立的承包合同两种。

这种区分的意义在于：一是两者所能承包的土地的范围不一。集体经济组织成员可以参与所有由本集体经济组织发包的土地，法律对于这类承包人可以承包的土地，在范围上没有限制。只要承包人有属于发包方的组织成员的身份，便可以参与发包方发包的任何类型的土地的承包。但是，按照《中华人民共和国农村土地承包法》第十五条的规定，对于不宜采取家庭承包的农村土地，如荒山、荒丘、荒沟、荒滩以及数量较少的菜地、养殖水面等，可以采取招标、拍卖、公开协商等方式确定承包人。也就是说，只有不适宜以家庭承包的方式承包的“四荒地”及其他数量较少的菜地、养殖水面等，才可以由本集体经济组织以外的人承包。但是，必须明确，对于“四荒地”等土地，法律只是规定可以由本集体经济组织以外的人承包，并没有规定只能由该类人承包。可见，对这类土地，集体经济组织的成员依然可以参与承包。二是二者的权利大小不一。对于以家庭承包以外的方式承包的农村土地，同等条件下，集体经济组织成员享有优先的承包权。这是《中华人民共和国农村土地承包法》第四十七条明文规定的。该条规定实际上是维持了我国多项法律所确认的农村集体经济组织成员对本集体经济组织所有的资源所享有的独占权。因此，以集体经济组织以外人员作为承包方，只能看作是例外规定。按照权威解释，这样规定主要是考虑到在一些人少地多的地方以及非农产业比较发达的城市郊区，本集体经济组织成员没有足够的资金、技术、劳动力承包全部土地，需要由集体经济组织以外的单位和个人承包四荒地等其他土地。这样，既可以使闲置的土地资源得到开发和利用，增加集体收益，使集体成员受益，也为有资金、有兴趣投资于土地的企业和个人找到了一条较好的投资途径。此外，两种合同订立的程序也不同。

②按照承包土地种类分类

农村土地承包合同，可以区分为耕地承包、草地承包、林地承包。这种分类的意义在于，不同种类的土地，法定的承包期限长短不一。按照《中华人民共和国农村土地承包法》第二十条的规定，耕地的承包期限为30年，草地的承包期限为30～50年，林地的承包期限为30～70年；特殊林木的林地承包期，经国务院林业行政主管部门批准可以延长。这样的规定比较科学合理。因为，不同性质土地的投资，其收益的周期差别也比较大。一般来说，耕地的质量比较高，如果没有特殊需要，承包人一般并不需要做太大的土质改造就可以直接从事农业生产经营，耕地投资的利益回收周期相对而言比较短，耕地上种植的作物大多数当年就可以产生收益，最多二三年一般都能取得土地收益。因此，法律规定了相对较短的承包期。而且，耕地上种植的各种类型的作物，在生长周期上并没有太大的差别，法律统一规定了30年承包期。但是，对于草地而言，由于本身在土质上难以与耕地相比，许多土地必须通过土质再造才能满足草地承包人的经营需要，因此，法律规定了相对较长的、有弹性的承包期。而林地的投资回收周期就更长，从尊重客观实际出发，法律规定了最长70年的承包期。如果70年仍然难以收回投资的，可以经过国务院林业行政主管部门的批准，延长承包周期。

(3)农村土地承包合同的主要条款

根据《中华人民共和国农村土地承包法》第二十一条规定，发包方应当与承包方签订书面承包合同。承包合同一般包括以下条款：

①发包方、承包方的名称，发包方负责人和承包方代表的姓名、住所。

②承包土地的名称、坐落、面积、质量等级。

③承包期限和起止日期。

④承包土地的用途。

⑤发包方和承包方的权利和义务。

⑥违约责任。

(4)订立农村土地承包合同应坚持的原则

签订承包合同的原则和程序，根据《中华人民共和国农村土地承包法》第十八、十九条规定，土地承包应当遵循以下原则：

①按照规定统一组织承包时，本集体经济组织成员依法平等地行使承包土地的权利，也可以自愿放弃承包土地的权利。

②民主协商，公平合理。

③承包方案应当按照《中华人民共和国农村土地承包法》第十二条的规定，依法经本集体经济组织成员的村民会议三分之二以上成员或者三分之二以上村民代表的同意。

④承包程序合法。

(5)订立农村土地承包合同的程序

订立土地承包应当按照以下程序进行：

①本集体经济组织成员的村民会议选举产生承包工作小组。

②承包工作小组依照法律、法规的规定拟订并公布承包方案。

③依法召开本集体经济组织成员的村民会议，讨论通过承包方案。

④公开组织实施承包方案。

⑤签订承包合同。

3. 农村土地流转及承包经营纠纷处理

(1)土地流转的含义与原则

土地流转，实际上是指土地使用权的流转。土地使用权流转是指拥有土地承包经营权的农户将土地经营权(使用权)转让给其他农户或经济组织,即保留承包权,转让使用权。

实践中,可以通过转包、转让、入股、合作、租赁、互换等方式出让土地经营权。应该鼓励农民将承包地向专业大户、合作社等流转,发展农业规模经营。

根据《中华人民共和国农村土地承包法》第三十二、三十三条规定,通过家庭承包取得的土地承包经营权,可以依法采取转包、出租、互换、转让或者其他方式流转。土地承包经营权流转应当遵循以下原则:

a. 平等协商、自愿、有偿,任何组织和个人不得强迫或者阻碍承包方进行土地承包经营权流转。

b. 不得改变土地所有权的性质和土地的农业用途。

c. 流转的期限不得超过承包期的剩余期限。

d. 受让方须有农业经营能力。

e. 在同等条件下,本集体经济组织成员享有优先权。

土地承包经营权流转的主体是承包方。承包方有权依法自主决定土地承包经营权是否流转和流转的方式。

(2)土地流转的补偿

根据《中华人民共和国农村土地承包法》第四十三条的相关规定,承包方对其在承包地上投入而提高土地生产能力的,土地承包经营权依法流转时有权获得相应的补偿。

农民在承包的土地使用权转移时,国家对土地投资实行合理补偿的政策。承包户对土地加工投资使用以后,使同样的地块可以取得较多收入,并形成长期收益的,在承包使用权转移时,按照实际情况给予补偿是必要的、合理的,这有利于解除农民对转移承包使用权的顾虑,鼓励农民注意改善生产条件,改造低产田为高产田。

投资补偿的具体办法,应当由干部、群众协商决定。不少地区实行土地分等定级或定等估价以作为评定补偿的参考依据,这些都是可行的办法，也可以实行群众愿意接受的其他补偿形式。总的原则是，要使投资的人不吃亏，掠夺地力的不能占便宜。个别地方在土地承包以后经过加工投资，在使用权转移时，应予补偿而没有补偿的，要经过协商尽可能加以补救，以利于维护政策的严肃性。

(3)土地承包经营纠纷的解决

根据《中华人民共和国农村土地承包法》第五十一、五十二条的相关规定，因土地承包经营发生纠纷的，双方当事人可以通过协商解决，也可以请求村民委员会、乡（镇）人民政府等调解解决。当事人不愿协商、调解或者协商、调解不成的，可以向农村土地承包仲裁机构申请仲裁，也可以直接向人民法院起诉。当事人对农村土地承包仲裁机构的仲裁裁决不服的，可以在收到裁决书之日起三十日内向人民法院起诉。逾期不起诉的，裁决书即发生法律效力。

①协商

协商即由双方当事人就纠纷的是非进行协调和商议，达成共识，解决纠纷。这是解决合同纠纷最基本、最简单的方法。土地承包经营纠纷，其当事人双方的关系实际上是集体与社员之间的关系，在兼顾集体与社员家庭利益的原则下，本着实事求是、互谅互让的精神，有过错的一方主动承担责任，适当赔偿对方损失，是可以通过协商解决纠纷的。

②调解

调解是指合同纠纷在当事人协商达不成协议时，由合同当事人以外的第三者作为调停人，促使当事人双方自愿达成协议，解决纠纷的办法。

③仲裁

仲裁是指农村土地承包仲裁机构根据承包合同纠纷当事人的申请，在查明事实、分清责任后，依法作出仲裁决定，以解决合同纠纷的方式。

④诉讼

诉讼是指人民法院根据承包合同纠纷当事人的起诉，在查明事实、分清责任的基础上，依法作出判决，以解决合同纠纷的方法。

(4)土地的所有权和使用权争议的处理

根据《中华人民共和国土地管理法》第十六条以及相关法律，土地所有权和使用权争议的处理程序为：协商解决。发生争议，当事人应首先本着平等互利、公平合理的原则协商解决。当事人协商达成的协议不得违反有关法律、法规，不得损害国家、集体的利益和其他公民的合法权益。当事人协商不成时，由人民政府处理。

人民政府的处理程序为：首先，提出处理申请。协商解决不成的，可以向有权处理机关提出申请，申请处理应以书面形式，并载明申请人，对方当事人名称、地址，法定代表人的姓名、职务，申请处理的事项、具体要求和理由，并附争议地块示意图，有关证据及其来源，证人的姓名、工作单位或地址。其次，是调解，受理机关对受理的土地权属争议可先调解。最后，做出处理决定。调解无效或当事人不愿调解的，处理机关应作大量细致的调查工作，弄清争议的事实后，做出处理决定。

按规定，单位之间的争议，由县级以上人民政府处理；个人之间、个人与单位之间的争议，由乡级人民政府或者县级以上人民政府处理。

4. 农村土地的有效利用与所有权保护

(1)农村土地利用中存在的问题

目前，农村土地利用方面的主要问题有：

a. 农村可利用土地急剧减少。

b. 农村土地质量下降。

c. 由于农民从事种植业的比较效益低，他们或弃耕或挪作他用，或干脆将本来就十分有限的耕地资源抛荒，加剧了耕地的“非农化”进程。同时，由于土地无偿使用、土地管理体制不健全，难以有效控制耕地大量“农转非”。

d. 缺乏土地产权市场和土地流转机制。

目前，国家尚未建立一种促使农村土地合理利用的宏观调节机制，以弱化集体和农户的土地管理权限，相反，农户的土地占有权、使用权正在逐步强化。

(2)农村土地有效利用的原则与途径

当前，农村土地有效利用的原则与途径有：

①因地制宜

土地是农业最基本的生产要素。在30年承包期内，承包使用土地，会出现许多新变化和新情况，形成土地同劳动力、科学技术等生产要素之间结合的许多形式。总体来讲，土地的有效利用要因地制宜，适用种植则搞种植，适宜养殖则搞养殖，使土地最大限度地发挥效用。要有效利用土地，力争使其经济效益最大化。

②集约经营

农业集约经营一般分为劳动集约类型、资金集约类型、技术集约类型。目前就一般情况看，基本上属于劳动集约型类型。提高农业集约化水平的途径虽然很多，但最主要的途径是应该从单纯劳动集约型转向在劳动集约型基础上的资金集约型和技术密集型，提高农业的科学技术水平。

③整理和复垦

要通过土地整理，改善生产条件和生态环境，并提高土地质量，增加耕地面积。

④使用权流转

农村土地流转，必须遵循“依法、自愿、有偿”的原则，通过市场来配置土地资源，建立农村土地流转机制。在市场经济条件下，土地作为生产要素之一，必然要在不同经营主体(农户)之间进行流动，人口和务农劳动力增加、生产能力提高的农户会感到土地不足而产生扩大土地面积的愿望。人口和务农劳动动减少、生产能力降低的农户则会感到土地相对过剩而产生出让土地的愿望。建立土地流转机制，以市场机制配置土地资源，不仅可以解决现行土地利用中存在的矛盾和问题，更为重要地是通过土地流转，可以使土地向种田能手集中，实现土地规模经营，提高土地生产能力。

(3)土地的所有权保护

所谓土地所有权保护，是指通过法律规定的方法和程序来保障土地所有人在法律许可的范围内对其所有的土地行使占有、使用、收益和处分的权利的法律制度，是土地所有权制度的必要组成部分。

《中华人民共和国土地管理法》规定土地所有权的保护条款表现在第三条，即任何单位和个人不得侵占、买卖或者以其他形式非法转让土地。土地的所有权保护方法主要有：

①土地所有权的民法保护

侵害土地所有权的行为违反了民事法律、法规的，土地所有权人有权依法直接向侵害人或通过人民法院向侵害人行使请求权，包括停止侵害排除妨碍，消除危险，返还土地，恢复原状，赔偿损失等。

②土地所有权的行政法保护

土地所有权存在争议或者存在侵害土地所有权的行政违法行为时，当事人可以提请行政机关采取措施或行政机关依职权主动采取措施处理土地所有权纠纷，处罚行政违法行为人。这些措施包括确认土地所有权权属，责令停止侵害、赔偿损失，土地行政处罚，行政处分，治安行政处罚，收回土地所有权等。

③土地所有权的刑法保护

直接或间接侵犯土地所有权的行为触犯刑法，构成犯罪的，由国家司法机关依法追究其刑事责任，以刑罚的威慑力促进对土地所有权的保护。

5. 农村土地保护

(1)耕地的含义及其保护的重要性

所谓耕地，是指人们经常进行耕耘并能够种植、生长各种农作物的土地。被占用前3年内曾用于种植农作物的土地，也视为耕地。加强耕地保护，其重要性主要体现在以下几个方面。

①人均占有耕地数量少

我国的耕地总量为19.24亿亩，按全国（大陆）总人口计算，人均占有耕地1.52亩；按农村总人口（8.07亿人）计算，人均占有耕地2.38亩；按农村劳动力（3.5亿人）计算，人均占有耕地5.5亩。同世界各国相比，我国人均占用的耕地少的可怜。到2000年底，我国人均耕地只占世界人均耕地的45%。全国约30%（666个）的县（市），人均耕地低于联合国粮农组织确定的0.86亩的警戒线。其中近70%（463个）的县（市）人均耕地低于0.5亩。“用占世界7%的土地养活了占世界22%的人口”，此话一方面说明了我国农业取得的惊人成绩；另一方面也反映出我国人口与耕地之间矛盾的尖锐程度。此外，我国农业生产条件相对较好的地区人均占有耕地的数量要比农业生产条件相对较差的地区人均占有耕地的数量要低。因此，人多地少是我国的基本国情。

②耕地总体质量差，生产水平低

我国的耕地不仅数量少，而且质量差。2/3的耕地分布在山地、丘陵和高原地区，有灌溉设施、旱涝保收的耕地不足40%；耕地中有近亿亩坡度在25度以上，需逐步退耕；近20%的耕地受到工业“三废”和农药污染，致使每年有数百万亩农作物减产，甚至绝收。另一方面，土地的贫瘠化问题不容忽视，进入20世纪90年代以来，我国有20.6%的耕地有机质养分不足，缺氮、磷、钾的耕地分别占24.6%、50.8%、13.8%。现有的耕地，2/3是中低产田，与高产地块相比，产量要低40%，有的甚至低一半以上。因此，从全国范围来讲，我国的优质耕地少，抗自然灾害能力差。耕地质量差和耕地与水资源分布不均匀造成我国耕地的生产水平较低，与世界发达国家或农业发达国家相比，粮食单产相差100千克以上。

③耕地退化严重

我国许多耕地处于干旱和半干旱地区，受到荒漠化的影响，质量严重退化。我国干旱、半干旱地区40%的耕地不同程度地退化，全国有30%左右的耕地不同程度受水土流失的危害。

④耕地资源贫乏

据统计，我国耕地后备资源即使全部开发成耕地，人均增加耕地也不足0.1亩，而且在新中国建立以来，经过长期开发，剩余的后备耕地资源大多为质量差、开发难度大的土地。

因此，我国必须加强耕地保护。切实保护耕地，严格控制耕地转为非耕地，这是我国耕地保护的基本原则。

(2)保护土地的措施

在现代农业生产经营过程中保护土地的措施，可从以下几方面考虑。

①完善土地承包手续，取得土地承包经营权证书

土地是农业最基本的生产要素，在30年的承包期内会出现许多新变化和新情况，引起土地同劳动力、科学技术等生产要素之间在有机结合上的诸多矛盾。完善第二轮土地承包手续，是保护土地的基本手段。

②坚持土地流转的原则

a. 自愿原则。承包土地的流转工作，必须坚持农户自愿的原则，由承包农户自己提出申请和互相协商，在双方愿意接受的条件下进行流转，决不能用行政手段强制推行土地流转。

b. 合法原则。所为合法，即取得承包权的农户在流转出土地经营权时，应通过以下程序才能被视为合法：农户自愿提出申请，并自愿签订流转合同；农业合作社审查同意；乡镇农业承包合同管理委员会批准并依法鉴证。

c. 承包土地的农业用途和在法定期内流转的原则。在土地流转过程中，不得擅自将耕地转为非耕地，林地转为非林地。

③选择合适的土地流转方式

a. 转让。即农户对获得承包权和使用权的耕地，可将其部分或全部耕地的使用权有偿转让给他人。

b.转包。即农户无力耕种承包地，但又不愿放弃其承包权，可以采取转包。

c.合营。即联合经营，有两种形式：一种形式是农户无力耕种承包地时，可以雇工耕种，即农户以土地、农家肥作固定投入，雇工以劳动作为投入，其他生产性资金对等投入，对土地实行联合经营；另一种形式是两户或两户以上的农户，可以自愿联合，共同出地，共同出劳，实行联合经营。

d.入股。即村社集体或农户以耕地、水面、“五荒”地的经营使用权折价入股，联合兴办或与外部门的企业、单位合作兴办“三高”农业股份制经济实体。

④确定土地转让的价格

要了解以下几方面的价格形成因素，进行科学评估分等定级，确定转让土地的基准价格和成交价格。

a.土地的级差地租。土地的地理位置、土质及交通、气候条件越好，价格就越高，反之则低。

b.树木等地表附作物价值的大小。

c.土地的成本价值。对土地的加工投入高，土地的成本价值就高。土地流转时应对其加工投入给予补偿。

d.土地的供求关系。供大于求，流转价格应低些，求大于供，流转价格应高些。

(3)土地违法行为及其种类

土地违法行为是指公民、法人和其他组织违反土地管理法律规范，侵害社会主义土地关系和土地管理秩序，依法应当追究法律责任的有过错的行为。

土地违法行为的种类主要有：未经批准或者采取欺骗手段骗取批准，非法占用土地的；超过标准的用地数量占用土地的，买卖或者以其他形式非法转让土地的；无权批准征用、使用土地的单位或者个人非法批准占用土地的；超越批准权限非法批准占用土地的；非法占用被批准单位的补偿费和安置补助费的；临时使用土地，期满不归还的，或者土地使用权被收回，拒不交出土地的；违反法律规定，在耕地上建窑、建坟、挖土、挖砂、采石、采矿等，破坏种植条件的，或者因开发土地造成土地荒漠化、盐渍化的；擅自将农民集体所有的土地使用权出让、转让或者出租用于非农业建设的；拒不履行土地复垦义务的等。

(4)对严重毁坏耕地行为的处罚

《中华人民共和国土地管理法》第七十四条规定："违反本法规定，占用耕地建窑、建坟或者擅自在耕地上建房、挖砂、采石、取土等，破坏种植条件的，或者因开发土地造成土地荒漠化、盐渍化的，由县级以上人民政府土地行政主管部门责令限期改正或者治理，可以并处罚款；构成犯罪的，依法追究刑事责任。"

依照《中华人民共和国土地管理法实施条例》的规定，对严重破坏种植条件，除责令违法者限期改正或治理外，处以罚款的，依照耕地保护法规规定的标准执行；对于因开发土地造成土地荒漠化、盐渍化的，除责令限期改正、治理外，处以罚款的，依照各省、自治区、直辖市人民政府规定的标准执行。

《中华人民共和国刑法》第三百四十二条规定："违反土地管理法规，非法占用耕地该作他用，数量较大，造成耕地大量毁坏的，处5年以下有期徒刑或者拘役，并处或者单处罚金。"

(八)农业生产资料

——现代农业生产经营的物质基础

1. 农业生产资料概述

(1)农业生产资料的概念与类型

所谓农业生产资料，是指农业工人(农民)在种植、养殖过程中用于生产的基本物质。生产资料在新产品的生产过程中，仅作为一种工具起作用，不创造价值。土地是农业最主要的生产资料。

农业生产资料的类型主要有：一是基本类，如土地等；二是种植类，如种子、农药、肥料、地膜等；三是养殖类，如种畜、兽药、饲料和饲料添加剂；四是其他类，如农机及零配件、渔机渔具等。

(2)农业生产资料的特点

农业生产资料所具有的特点：一是长期使用性，如土地；二是季节性，如种子、化肥、农药，这些农业生产资料要根据季节以及植物生长的不同时期来使用；三是鲜活性，如种畜、鱼苗、崽畜、大型役畜等；四是专用性，如兽药、饲料和饲料添加剂等，适用于不同的养殖动物。

(3)农业生产资料的作用

实践证明，农业生产资料在现代农业生产经营中发挥着提高劳动生产率、降低生产成本、生产优质农产品、实现农民增收等不可替代的作用。事实上，当劳动力与生产资料结合时，才能创造财富。现代农业生产的经营管理中，合理的使用农业机械、采用优质种子、适时地使用化肥和农药，为提高农产品的品质、数量，降低其生产成本有着直接关系。在养殖业中，良种牲畜、饲料和饲料添加剂对提高畜产品的品质，降低物质消耗有着本质的联系。因此，现代农业生产经营管理对农业生产资料的选择愈来愈显得重要。

2. 农业生产资料的购买与使用

(1)国家对农业生产资料生产与销售的监督管理

国家为加强农业生产资料生产和销售的监督管理,加快了制度建设,推动建立和完善农资监管长效机制,国家先后颁布了《中华人民共和国种子法》、国务院 1997 年颁布了《农药管理条例》、国家发展改革委与财政部 2005 年 1 月联合发布了《化肥淡季商业储备管理办法》、2005 年 10 月农业部制定了《农业生产资料监督管理工作暂行规定》等法律、法规,对农业生产资料生产和销售进行监督和管理。

为充分调动农民种粮的积极性,加强农业生产资料生产供应和市场管理做了大量工作。如逐步完善各项支持农业发展的政策,逐步落实农业税全免政策、继续对种粮农民实行直接补贴、良种补贴和农机具购置补贴等政策。逐步落实有关扶持农业生产资料生产、促进农业生产资料流通、加强农业生产资料价格监管的政策措施。为搞好农业生产资料生产和供应,加强农业生产资料市场和价格监管,努力保持农业生产资料价格的稳定,要求农业生产资料生产企业要开足马力生产。各级供销社要积极组织货源,严格执行价格政策。为调动农业生产资料生产和流通企业的积极性、降低生产和经营成本,要求煤炭、电力和交通等部门落实各项优惠鼓励政策,要求物价、工商、质监等部门加强对市场和价格的监管,维护市场秩序等。

在流通领域,要求农业生产资料的销售单位应具有经营资格、证照齐全,并有一定的场所。农资经营者除具有《营业执照》外,还应当具备本行业的《经营许可证》、厂家的授权委托书等相关证件。

(2)生产经营者购买农业生产资料应注意的事项

农业生产资料是关系到农业收成的好坏,也影响着农民收入的高低。现代农业生产经营者要更好地维护自己的合法权益,在购买农资,尤其是种子、化肥、农药时应当注意以下问题。

①慎重选择购买场所

购买农资时要到证照齐全，有经营资格、信誉良好的场所。合法的农资经营者除《营业执照》外，还应当具备本行业的《经营许可证》、厂家的授权委托书，如种子经营者须持有县级以上农业主管部门颁发的《农作物种子经营许可证》、《种子质量合格证》等相关证件。

②认真查看包装标识

选购种子、化肥、农药等农资时要仔细查看包装是否规范，标签是否完整，有无合格证、厂名厂址、商标标识、生产日期、有效期及使用说明等。不要购买包装破损、标识不清或不全的农资商品。

③详细阅读使用说明

使用前要认真阅读种子、化肥、农药等农资的使用说明书，弄清适用范围和注意事项以及正确的使用方法。有不清楚事项的，应向有关专家或地方农业部门进行咨询。

④保留完整购物凭证

影响农作物收成的因素比较复杂，为了方便解决纠纷，购买时请索要有经营单位公章的信誉卡及购物凭证，并要求清楚地标明购买时间、产品名称、数量、价格等重要信息。如果购买的数量多，最好与经营者签署一份质量保证协议，并保留少量样品，以备发生问题时更好地分清责任。

此外，在出现农资消费纠纷或者发现非法经营农资行为的，应当及时向当地工商、质检、农业等部门投诉举报或者向当地消费者协会投诉。

(3)购买伪劣、失效农用生产资料的维权

农业生产资料是关系到农业收成的好坏，也影响着农民收入的高低。广大农民兄弟要更好地维护自己的合法权益，在购买农资，尤其是种子、化肥、农药时应到证照齐全，有经营资格、信誉良好的农资经营者手中购买，不要购买包装破损、标识不清或不全的农资商品；使用前要认真阅读种子、化肥、农药等农资的使用说明书，弄清适用范围和注意事项以及正确的使用方法，有不清楚事项的，应向有关专家或地方农业部门进行咨询。

一旦发现购买了伪劣、失效农用生产资料，出现农资消费纠纷，应当及时向当地工商、质检、农业等部门投诉举报或者向当地消费者协会投诉，挽回损失。影响农作物收成的因素比较复杂，为了方便解决纠纷，购买时请索要有经营单位公章的信誉卡及购物凭证，并要求清楚地标明购买时间、产品名称、数量、价格等重要信息，保留完整购物凭证。

《中华人民共和国刑法》对生产、销售伪劣、失效农用生产资料构成犯罪，具有相应的处罚：对生产造成的损失的大小，分为三个处罚档次：对使生产遭受较大损失的，处三年以下有期徒刑或者拘役，并处或者单处销售金额百分之五十以上二倍以下罚金；使生产遭受重大损失的，处三年以上七年以下有期徒刑，并处销售金额百分之五十以上二倍以下罚金；使生产遭受特别重大损失的，处七年以上有期徒刑或者无期徒刑，并处销售金额百分之五十以上二倍以下罚金或者没收财产。

(九)资金

——现代农业生产经营的“血液”

1.资金概述

(1)资金的概念与特点、用途及作用

资金一般是指现金,或相当于现金的物体(如银行存款存折、公债、股票或马上可以变成现金的其他票据)。

相对于劳动、土地等其他生产要素,资金具有流动性强、变现速度快等特点。

(2)资金的用途与作用

资金的用途非常广泛。资金可以用于生产,购买生产资料;资金也可以用于生活,购买各种消费品;资金可用来支付保险、医疗和教育费用;资金还可以投资,购买股票、债券等。

资金在现代农户经营中发挥着重要作用。一方面,资金是农户家庭财富的储备形式,相对于固定资产、其他流动资产以及土地资源等而言,其资产流动性或变现能力最高,方便农户调剂现期消费与未来消费之间的关系(即积累与消费关系);另一方面,资金作为衡量现代农户支付能力的重要指标,能够反映农户调剂生产性支出与消费性支出的关系(即生产与生活关系),即资金实力。

(3)通货膨胀及其影响

通货膨胀是指一般价格水平的持续和显著的上涨。通货膨胀的程度通常用通货膨胀率来衡量,通货膨胀率被定义为从一个时期到另一个时期一般价格水平变动的百分比。这里的价格不是单一的某个商品或某种服务的价格,而是一组能够反映社会商品和服务的总体价格水平变动的商品和服务的价格。

通货膨胀对经济生活的影响随通货膨胀本身的发生类型、程度以及人们预期的不同而不同。通货膨胀一旦发生，在社会的产量、就业、收入分配等方面会产生复杂的影响。尤其是通货膨胀在社会财富和收入分配方面的影响以及由此引发的社会政治后果，是每一个国家的政府必须认真对待、审慎处理的问题。

通货膨胀直接表现为钱的购买力下降，遇到这种情况，农户应减少手里的资金储备量，而应储备非货币形式的具有保值或潜在增值的物质。虽然资金对农户非常重要，农户也不宜持有过多的资金，这样可减轻通货膨胀的负面影响。

2. 资金的时间价值

(1)资金时间价值的概念

资金时间价值是一定量资金在不同时点上的价值差。因为资金使用者把资金购买的生产资料与劳动力相结合以后，就会生产出新的产品，创造出新的价值，实现增值。周转的时间越长，实现的增值额越大。所以资金时间价值的实质，是资金周转使用后的增值额。

资金的时间价值的大小通常以利息率表示，其实质是社会资金利润率。各种形式的利息率(存贷款利率、股息率、债券利率)的水平，就是根据社会资金利润率确定的。一般影响利息率的因素除了包括资金时间价值因素以外，还要包括风险价值和通货膨胀因素。

资金时间价值是经济活动中的一个重要概念，也是资金使用中必须认真考虑的一个问题。如果银行贷款的年利率为10%，而农户某项经营或投资活动中的年资金利润率或投资收益率低于10%，那么这项经营或投资活动则是不划算的。

现代农户的家庭经营主要集中在农业，而农业的生产经营周期都比较长，一般都需要很长时间才可以显示出经营成果。所以，在核算经营利润时，必须考虑资金的时间价值。

(2)利息与利率

利息是借贷关系中由借入方支付给贷出方的报酬。利率是指一定时期内利息额同贷出资本额之间的比率，也是衡量利息量的尺度。

利率可用一段时间后所获得的利息额与本金之比来计算。利率其实是一个非常庞大的系统，按照不同的标准可以划分出多种多样的利率类别。如长期利率和短期利率；年利率、月利率和日利率；公定利率和市场利率；固定利率和浮动利率；基准利率和差别利率；一般利率和优惠利率；还有名义利率和实际利率。

例：某农户获得一笔期限一年的 10 万元借款，到期需偿还 10.55 万元。

对这笔借款，其利率＝利息额/本金＝(10.55－10)/10＝5.5%。

借贷时间、金额都相同的资金，利息会因单利和复利之分相差很大。这是因为，计算单利利息时，每期均按本金计息，即不论计息期多长，只有本金生息，而利息不再生息；计算复利利息时，是由本金加上先前周期中的利息，作为本周期的计算利息的本金。可见使用复利计息时不光本金生息，利息也生息，即俗称的“利滚利”。所以，计算利息时必须区分单利和复利。

例：某农户获得一笔期限三年的 10 万元借款，借款协议约定年利率为 3.3%。

按单利计算利息，从第 1 年到第 3 年，每年末计算利息额为 0.33(10 万元×3.3%)万元，总利息为 0.99 万元；

按复利计算利息，第 1 年末计算利息额为 0.33(10 万元×3.3%)万元，第 2 年末计算利息额为 0.34[(10＋0.33)万元×3.3%]万元，第 3 年末计算利息额为 0.35[(10＋0.33＋0.34)万元×3.3%]万元，总利息为 1.02 万元。

(3)资金的未来值及其计算

资金的未来值是指与现值等值的某一未来时点的资金价值，也可称为本利和或终值。用一个具体例子说明。

例：某项投资由银行贷款 1 000 万元，年利率 7%，5 年后一次结清，其本利和应为多少？

解　代入公式 $F=P(1+i)^n$

5 年后的本利和应为 $1\,000\times(1+0.07)^5=1\,402.6$(万元)。

1 402.6 万元即为现在资金 1 000 万元的 5 年后的未来值。

(4)资金的现值及其计算

资金的现值是把将来某一时点的金额换算成现在时点资金的价值,这一换算过程叫“贴现”,其换算结果叫“现值”。现用一个具体例子说明。

例:如银行年利率为 5%,为了在 5 年后获得 1 万元,现在应存入多少现金?

解:代入公式 $P=F\dfrac{1}{(1+i)^n}$

1 万元的现值为 $10\,000\times\dfrac{1}{(1+0.05)^5}=7\,835.3$(元)

7 835.3 元即为 5 年后 1 万元资金的现值。

3. 资金筹集

(1)资金筹集及其渠道

资金筹集也简称为筹资。目前,我国的农业生产经营者的资金筹集渠道主要来自两个方面。

①金融机构

尽管我国金融机构众多,但农业生产经营者只能从农业银行和农村信用社(有的已改制为农村商业银行或农村合作银行)获得贷款。从提供的贷款服务来看,农村信用社服务相对较好,而农业银行相对则差一些。农业银行的抵押、公证等额外费用太高、审批效率也较低。所以农业生产经营者筹集资金首选农村信用社,农村信用社是农业生产经营者获得贷款的主要金融机构。农村信用社也有不足之处,如贷款利率偏高、手续较为繁琐。

②民间资本

实际中,农业生产经营者从金融机构得到资金的机会不多,审批较严。对于那些急于筹集资金的农业生产经营者便转向了民间资本。根据调查，目前从民间筹集资金占农业生产经营筹集资金较大的比例。这主要是因为从金融机构贷款难，而且贷款额度太小、期限太短，无法满足实际需求。但目前大部分从民间获得筹资的利息较高，纠纷也较多，影响了农业生产经营投资的积极性。

(2)资金筹集考虑的因素

现代农业生产经营者在筹集生产性资金时一般考虑以下因素：

a. 针对用于农业生产的资金，一定要及时到位，以满足农业生产经营的季节性特点。

b. 要认真比较不同资金筹集方案的成本，在其他条件一定的情况下，要选择资金筹集成本最低的方案。

c. 应仔细估算农产品价格、预期利润等，只有当估计的收益率高于资金筹集成本时所筹集的资金才是有利可图的。

(3)民间借贷中应注意的问题

①要注意借款人的信誉和偿还能力

不光要看对方的固定资产、经济收入等情况，还要看对方平时的为人情况、信誉如何，如果借款人有过“赖账”的劣迹，就应坚决拒绝。

②要弄清借款人的借款用途和借贷利率是否合法

在借款时，切莫因贪图蝇头小利，而把钱借给不法分子。对于明知借款人借钱是为了进行赌博、吸毒贩毒、嫖娼等非法活动还借款的，国家法律不予保护。

关于借贷利率，《最高人民法院关于审理借贷案件的若干意见》规定，民间借贷的利率可适当高于银行利率，但最高不得超过同期银行贷款利率的 4 倍，同时，利息不得计入本金计算复利。所以，超出规定的利息和复利是不受法律保护的。

③要认识到履行担保和抵押手续的重要性

对于大额借款应找有一定经济实力的个人或单位来进行担保,必要时可以让借款人以存单、有价债券、机动车、房产等个人财产作抵押。这样万一借款人出现赖账或无法偿还债务的情况,便可行使担保物权或抵押权来挽救自己的权益。

④应有借款合同或借据

借款时,不要碍于面子,只考虑人情、关系等因素,一定要与借款人签订合同或让借款人写借据,尤其是要写清借款人、借款金额、用途、利率、还款时间等内容,并签字画押,双方各执一份,要妥善保管。

⑤应注意诉讼时效的规定

民法通则规定,“向人民法院请求保护民事权利的诉讼时效为2年。”也就是说,借出的款项到了约定还款期时的两年内受法律保护。根据这一规定,债权人要注意采取催收或更新借据等方式维护合法债权。

⑥应谨防非法集资

一些个体企业或业主利用人们贪图高利的心理,抛出高息诱饵,在同地域或熟人间进行非法集资;这种集资经营者不是挥霍过度无力偿还就是卷款潜逃,使债权人血本无归。这种借贷风险最大,应高度重视。

(十)农业技术

——现代农业生产经营的“催化剂”

1.农业技术概述

(1)农业技术的概念

科学和技术是两个有联系但又不相同的概念。科学是指人类所积累的反映现实世界各种现象的客观规律的知识体系，是运用范畴、定理、定律等思维形式反映现实世界各种现象的本质规律的知识体系；而技术是人类为实现社会需要创造和发展起来的手段、方法和技能的总和，是人们根据自然科学原理和生产实践经验为某一实际目的而创造和发展起来的手段、方法和技能，包括工艺技巧、劳动经验、实体工具与装备等，也就是整个社会的技术人才、技术设备和技术资料等。

实际上，农业技术就是在农业领域内的技术，主要包括农业生产、经营、管理等内容。它具有创新性，是一种生产力，是人们改造自然的重要手段，也是促进社会经济发展的巨大物质力量，是人类才智和创造性劳动的结果，是提高人类劳动效率，促进社会进步的物质手段的总和。

(2)我国农业技术应用领域的特点

①农业技术人员匮乏

我国农业技术人员数量本身就少，除从事上级指令性计划安排的农业技术推广项目外，真正工作在农村生产第一线的技术人员非常稀少。此外，随着农村产业结构的不断调整，传统产业的升级换代和新产业的产生与发展对科学技术人员的需求越来越广泛、而且越来越迫切，农业技术人员匮乏的矛盾越来越突出。

②农业科技创新比较薄弱

就农村的主体产业——农业来说，其科技创新的表现：一是农作物品种和新技术更新换代较慢，有些农作物品种已经严重退化、产量和品质都不如引种之初，需要尽快更新换代；二是新品种、新技术缺乏明显优势，有的农作物品种，尽管口感较好，但外观特征不诱人，卖不上好价钱，降低了经济效益；有的品种，虽然质优价高，但产量又无优势；三是新品种、新技术覆盖面狭窄且严重滞后，多数新品种、新技术缺乏多样性和特色性，在科技进步上缺乏明显的超前性。而对于农村其他产业，科学技术创新就更为薄弱，生产设备和手段落后，产品技术含量低，企业发展缺乏后劲。

③农业技术推广应用难度较大

我国农村劳动力素质普遍偏低，加上近年来农村劳动力向城市的大规模转移，致使在农业生产岗位上就业的劳动力素质问题就更为突出。由于农业的劳动者素质偏低，其吸纳科学技术的能力就差，因而作为生产要素的科学技术在农村经济发展中的推广应用就十分困难。

④农业科学技术投入不足

农业的发展需要依靠科技进步，而科技进步就需要不断推出科技项目。每个科技项目的实施，都要经过信息筛选跟踪，技术（品种）引进，试验示范，直至推广普及等整个过程，其需要大量人、财、物的投入。这些投入由农民或农村经济组织承担都比较困难，必须由各级政府加大投入来予以支持。目前的情况是政府财政资金中的科技投入，特别是科技创新投入，就很少能到农村基层。而投向农村比重较大的农业技术推广经费，因使用分散，也很难发挥其最大效用。

(3)农业技术的作用

①推动农业生产力发展

现代科技的飞速发展并向现实生产力的迅速转化，改变了生产力中的劳动者、劳动工具、劳动对象和管理水平。科学技术为劳动者所掌握，极大地提高了人们认识自然、改造自然和保护自然的能力，提高了生产劳动能力。在生产力系统中，科学技术已经成为推动生产力发展的关键性要素和主导性的要素。

②促进其他生产要素的节约使用和“催化”其他生产要素充分发挥作用

现代社会随着知识经济时代的到来，科学技术、智力资源日益成为经济发展的决定性要素，其主要是通过科学技术促进其他生产要素的节约使用和“催化”其他生产要素充分发挥作用，从而使经济发展主要靠的是科学的力量、技术的力量。因此，科学技术已成为农村经济发展的第一要素。

③引导现代农业实现跨越式发展

当前，科学技术越来越走在社会生产的前面，开辟着生产发展的新领域，引导生产力发展的方向。因此，要重视科学技术对现代农业发展的先导性影响，敏锐捕捉科学技术促进现代农业发展的新动向，强化现代农业发展的预见性，推动现代农业实现跨越式发展。

2. 农业技术推广概述

(1)农业技术推广的概念与作用

农业技术推广是指通过试验、示范、培训、指导，以及咨询服务等，把农业技术广泛应用于农业产前、产中和产后全过程的活动。农业技术推广对于建设现代农业、促进农民增收、加快农村发展，以至于统筹城乡经济社会发展等方面都具有十分重要的作用。

①农业技术推广对于农业增产、农民增收具有重要意义

在我国耕地面积增长潜力极其有限，甚至在逐年减少的情况下，我国粮食等农作物产量的增加将主要依靠农业科学技术。

②农业技术推广是联系农业科研和农业生产的纽带

我国的农业科研体制是由科研部门研制先进的农业科技成果，然后由农业技术推广者负责将这些成果推广给农民。在这种

体制下，农业技术推广者充当了中介人的角色，一方面，其将科研机构研制的先进技术推广给农民；另一方面，又在这一过程中，通过与农民接触了解农民的科技需求，并将农民的需要反映给科研机构。因此，农业技术推广连接着农业技术供需双方，是联系农业科研和农业生产的纽带。

③农业技术推广是农业科研成果由潜在生产力转化为现实生产力的重要途径

科学技术是一种智能性要素，但不是实体性要素，只有将其与劳动者结合、与生产资料结合、与劳动对象结合，才能将它转化为现实的生产力。

④农业技术推广是促进农业技术进步，推动农业现代化的重要手段

农业技术推广使先进的农业技术在农业生产中得以应用，从而不断改善农业生产的手段和装备，同时也使农业生产的经营管理手段不断得以提高，从而不断推动农业现代化的发展。发达国家实现农业现代化的经验也证明，没有发达的农业技术推广，就不会有发达的农业，也就不会实现农业现代化。

⑤农业技术推广是提高农民素质的重要手段

农业技术推广的过程不仅仅是一个简单的技术转移过程，同时也是不断提高农民素质的过程。在推广农业技术的过程中，推广人员通过与农民的接触、交流、沟通，使农民逐步掌握先进的农业技术、信息，并能依据这些技术、信息作出生产经营决策。这种过程不仅仅使农民的知识、技能得到提高，也使农民的科学意识和观念得到提高。

(2)农业生产中的科学技术

①种植业生产中的科学技术

种植业的科学技术，以提高植物产品的品质、产量和效益为目标，主要是在育种、栽培、耕作、土肥、植保、灌溉、设施，以及农业机械化等环节所采用的科学与技术。

②林业生产中的科学技术

林业的科学技术，以提高林木覆盖率和林业经济效益为目标，主要是在造林、育林、护林、森林采伐与更新、木材和其他林产品的采集与加工等环节采用的科学技术。

③畜牧业生产中的科学技术

畜牧业的科学技术，以提高畜产品的品质、产量和效益为目标，主要是在育种、繁殖、饲喂、防疫、兽医等环节所采用的科学技术。

④水产养殖业生产中的科学技术

水产养殖业的科学技术，主要包括育种、繁殖、饲喂、防疫及水资源保护和利用等方面的科学技术。

⑤可持续发展农业生产中的科学技术

可持续发展农业的科学技术，主要包括资源节约型农业科学技术、环境友好型农业科学技术、健康营养功能型农业科学技术等。

⑥农业生产中的高新技术

农业高新技术内涵丰富。从较高层次上可以将农业高新技术概括为三大类，即现代生物技术，现代工程新技术和现代管理高新技术。具体来讲，农业高新技术至少包括以下六个领域：一是农业生物技术，是定向地、有目的地进行农业生物遗传改良和创制的一门高新技术，包括基因技术、细胞技术、酶技术和发酵技术等；二是信息技术在农业上的应用，主要包括农业决策支持系统研制与开发、虚拟农业研究、农业信息网络化技术、农业资源管理与动态监测专家系统研制、专业实用技术信息系统及专家系统（如作物种植、动物养殖、生产决策支持系统）的研制，全国共享的农业经济、资源、科技信息网络等；三是核农业技术或农业辐射技术，是农业高新技术的一个重要领域，不仅为农作物品种改良创造了一个强有力的技术手段，也为农副产品的延贮、保鲜开辟了一条新的有效途径，同时又为解决一些重大农业技术问题提供了新方法；四是设施农业技术，主要指工厂化种植和养殖、计算机农业控制等现代技术设施所装备的专业化生产技术；五是多色农业技术，包括绿色农业技术（指生态农业技术和可持续发展技术）、蓝色农业技术（指水产品生产技术和水体农业技术）和白色农业技术（指食用微生物的生产加工技术）；六是移植、常规技术组装配套，是指工业和国防等其他行业高新技术向农业的移植，以及各种常规农业技术的融合、交叉、渗透，或者组装与高效配置，组成一个有机复合技术群，从而达到整体大于个别之和的效果。

(3)我国农业技术推广的组织体系

当前，我国的农业技术推广组织体系主要有以下两大类。

①专业性农业技术推广体系

它以政府财政资金支持和开展公益性服务为特征。按农业内部的行业进行横向划分，分成种植业技术推广体系、林业技术推广体系、畜牧业技术推广体系、水产业技术推广体系、农机技术推广体系等；按从中央到地方各级行政区域进行纵向划分，分成国家、省（自治区、直辖市）、地（设区的市、州、盟）、县（不设区的市、旗）、乡（镇、苏木）、村等六级。目前，专业性农业技术推广体系是我国农业技术推广的主体，发挥着重要的作用。其优点在于所推广的农业技术较为广泛。

②非政府农业技术推广体系

它是我国农业技术推广的重要补充，主要有农民专业合作经济组织（包括农民专业合作社和农民专业协会）、农业科研院所、农业大中专院校、涉农社团等。其优点在于所推广的农业技术针对性强、效率高等。

(4)农业技术推广的基本程序

①项目选择

项目选择，是一个收集信息、选定项目、制定计划的过程。收集信息就是要收集与推广目标有关的信息，在此基础上选定一个具体的推广项目，并对之进行设计，制订出推广计划。项目选择一定要因地制宜，适合当地当时的情况，既体现先进性，又切实可行。

②引进、试验

引进、试验是推广工作的前提和基础。农业生产的地域性使技术的广泛性受到限制。因此，对于选中的新技术、新品种必须经过引进、试验，以验证其对当地条件的适应性。引进、试验一般放在具有公益性质的试验基地进行。

③示范

示范是展示所推广技术的优越性，对广大农民进行宣传教育、激发兴趣、转化思想的重要环节，同时还可以进一步验证技术的适应性和可靠性，逐步扩大新技术的应用规模，为大规模推广做好前期准备。示范是迎合广大农民"直观务实心理"特点的有效措施，往往能收到"百闻不如一见"的效果。示范一般在由政府扶持的科技示范户或具有公益性的示范基地进行。

④培训

培训是一个技术传输的过程，也是让农民尽快掌握技术要领的过程。通过培训，一方面进一步宣传所推广技术的优越性，激发农民采纳应用该技术的欲望和积极性；另一方面使农民尽快掌握所要推广的技术的使用和操作方法，学会应用该项技术。农民培训，一定要语言通俗浅显，幽默风趣，易懂好记。

⑤推广

农业技术的推广就是大规模使用该项技术。这就要求推广人员要为农民使用此技术"保驾护航"，为随时解决生产实际中所发生的一切问题，开展技术咨询和服务。

其流程图如图 2-2 所示。

项目选择 → 引进、试验 → 示范 → 培训 → 推广

图 2-2　农业技术推广的基本程序

3. 农业技术推广方法

(1)大众传播法

大众传播法是农业技术推广人员按照农业技术推广计划将农

业技术和信息经过选择、加工和整理，通过大众传播媒体广泛传播给农民群众的一种推广方法。其具有传播信息量大、范围大、速度快、成本低等优点，可以反复播放，引起农民注意，加深农民的印象。

大众传播法比较适宜于介绍农业技术新成果、新观点，传递具有普遍指导性、通用性的科学技术信息，发布预测、预报信息，介绍先进经验，解读政策等。

大众传播法根据具体媒体的不同，还可以分成印刷品媒体传播、静态物像媒体传播、视听媒体传播和现代多媒体传播等。

(2)个别指导法

个别指导法是农业技术推广人员按照农业技术推广计划有针对性地对农民进行“一对一”技术指导的一种推广方法。如师傅带徒弟方法，即农民通过向本地、本村内身边的示范户“拜师学艺”，以获得相应的实用技能；专家接对子帮扶方法，即由具有某一技能的专家与农户接成帮扶对子，“手把手”地传授具体的实用技术。这种方法具有针对性强、能直接解决实际问题、双向沟通效果好等优点。但这种方法具有信息传播范围小、成本高、效率低等不足。

个别指导法比较适宜于对科技示范户或农村致富带头人所开展的示范进行指导，以及对于文化水平低、接受新技术困难的重点帮扶农户的指导等。

个别指导法根据具体指导形式的不同，还可以分成办公室咨询、电话咨询、科技短信咨询、信函咨询、农户访问与访问农户，以及电脑视频互动服务等。

(3)集体指导法

集体指导法又称团体指导法，是指农业技术推广人员按照农业技术推广计划对同一区域生产经营活动相同或相似的农民，集中进行农业技术指导和服务的一种推广方法，是一种介于大众传播法与个别指导法之间的比较理想的方法。其具有传播信息量较大、推广效率较高，且通过“面对面”地交流与辩论，可以澄清推广中模糊认识等优点。但这种方法的缺点是传播共性信息，而在较短时间内难以满足每一个人的个性化需求。其比较适宜于较大规模的示范与推广工作。

集体指导法根据具体指导形式的不同，还可以分成办培训班、召开观摩会、召开现场会、田间学校培训及分组讨论等。

(4)田间课堂法

田间课堂法是指按照农业技术推广计划把农民集中起来，把要讲授的技术内容安排到田间结合生产实际进行讲解的一种推广方法。如现场观摩交流法，就是由当地政府或企业为实现技术推广和普及，而组织农民进行的现场观摩学习和经验交流活动，是一种典型的田间课堂法。这种方法具有结合实际紧密、直观易懂、好学易记等优点。不足之处是受实际情况局限及季节影响大，培训计划的落实困难。

田间课堂法比较适宜于新品种、新技术的最初示范和推广。

(5)技物结合法

技物结合法是农业技术推广人员按照农业技术推广计划，以示范推广农业技术为核心，而给农民提供与之配套的农用生产资料和物资，以及相关信息服务的一种推广方法，是近年来新出现的一种行之有效的推广方法。其优点在于拓展了推广服务的领域、易于解决技术推广中的物资配套问题、增加了推广机构或推广人员的经营性收入。但其不足之处在于容易诱导推广人员“重物资经营”而“轻技术服务”，从而偏离农业技术推广的目标和方向。

技物结合法比较适宜于对农用生产资料和物资有特殊要求的农业技术推广工作。

(十一)信息

——现代农业生产经营的“活性酵母”

1. 信息概述

(1)信息与经济信息

从认识论的角度看，信息是人们认识和感知到的客观外界事物的状态及其变化。信息(即外界的状态变化)对人们的决策行为非常有用。信息分为三类：一是教育信息，通常为社会所理解的系统性信息，帮助人类处理经验，常表现为系统性的知识，信息与人们行为之间关系复杂，直接性联系关系较弱；二是娱乐信息，属于非正式的信息，信息本身用于消费，信息使用的前提是人们闲暇和自愿选择；三是决策信息，与用户的职业行为具有较密切的联系，不同的使用者在信息使用方面的差别明显。

广义的经济信息是指所有与经济活动有关的，对经济活动产生影响的信息，如政治法律信息、国民经济信息、社会文化信息、科技信息、自然资源信息等。狭义的经济信息指经济运行过程中所反映出来的与经济投入、产出直接相关的信息，如市场需求、供给、投资、价格等信息。

现代农户最感兴趣的信息是与农产品生产经营有关的经济信息和科技信息。农产品价格、农业生产资料价格、农民收入、农村人口构成，以及施肥量、浇水量、下种量、下种日期等各种农业技术信息都是经济信息。经济信息具有以下四个特点：一是人们使用信息的目的不是对信息本身的消费，而是要指导人们的行为，以做出特定的选择，如配置资源等，这是信息产品的使用后果；二是经济信息的内容不能脱离物质世界而单独存在；三是经济信息的使用效用具有不一致性，如不同的用户或同一位用户在不同的场合，其信息服务需求就不完全一致;四是人们对经济信息的获取遵循经济性原则。这些特点与教育信息、娱乐信息等是不同的。

(2)现代农业生产经营掌握相关信息的必要性

信息是现代农业生产经营者进行生产经营决策的基础和依据。目前,现代农业生产经营者在经营中普遍存在着盲目性,表现为某项经济活动使一些农业生产经营者赢利后,其他农业生产经营者就盲目跟进,产品生产出来后,销路却成了问题。现代农业生产经营的核心是决策,及时、迅速、准确的信息是其在经营方向的调整、经营项目的选择、生产规模的确定、经营手段的改进、设备设施的更新、生产资料的采购、生产技术的应用和产品营销等方面进行科学决策的基础和依据。

现代农业生产经营者掌握相关信息有利于农民更好地适应市场经济。农业市场化要求现代农业生产经营按照市场经济规律去认识农业发展过程,运用市场机制连接农业产前、产中、产后诸环节并处理好生产、分配和消费间的关系,这一切都要依靠充分的市场信息。因而,现代农业生产经营信息化无疑会加速农业市场化,并促使农民更好地认识市场并适应市场。

现代农业生产经营者掌握相关信息有利于农村劳动力转移。农村劳动力转移的障碍主要是劳动力自身素质低和掌握的就业信息少。现代农业生产经营信息化可让农民获得更多的学习机会,提高自身素质,更有利于其获得广泛的尤其是跨地区的就业信息,能有效地促进农村劳动力转移。

信息是现代农业生产经营者进行有效管理的重要保证。有效的管理可以在不增加物质要素投入的前提下,利于资源的合理使用,创造出更多的经济效益。有效的管理离不开先进的管理知识和经验,农业生产经营者只有充分掌握信息,才能把生产过程管理、全面质量控制、农产品运销管理等知识与所从事的经营活动结合,创造出适合自身特点的管理模式。

2. 现代农业生产经营信息及其搜集与处理

(1)现代农业生产经营所需要的信息

现代农业生产经营一般需要以下两大类信息。

①农产品市场信息

对现代农业生产经营者来说,农产品市场信息主要解决“做什么”的问题。农产品市场信息,主要是指与农业生产经营项目有关的市场供需信息、影响市场供需的信息、市场竞争对手的信息、其他与市场有关的信息。

a. 市场供需信息。它是指现代农户生产经营产品的市场需求信息和生产产品所需材料的市场供应信息。产品市场需求信息包括市场需求的数量、质量、需求结构、需求特点、供求关系及其发展变化趋势等信息,这些信息关系到农户所生产的产品能不能卖掉、卖好。原材料市场的供应信息包括原材料的供应数量、质量、有无替代供应品及其供应变化趋势,这类信息可以在保证生产产品质量的前提下,尽量降低生产经营成本。

b. 影响市场供需的信息。它主要包括农户经营的产品和生产经营所需原材料的价格、国家经济政策、国民收入水平及其结构、人口及其构成、购买动机和消费心理、政治、国际关系、原材料替代品的未来供应变动趋势等。

c. 市场竞争对手信息。它主要包括现在的和未来的竞争对手的竞争实力及其发展方向等。

d. 其他与市场有关的信息。它主要包括法律、法规、流通渠道、产业变动趋势、气候变化等。

②农业生产技术信息

对现代农业生产经营者来说,农业生产技术信息主要解决的是“如何做”的问题。包括与生产经营活动有关的新产品、新工艺、新材料、新品种、新设备的研制、投产和普及,以及相关的技术经济信息等,这些信息涉及实现经营目标的手段。

(2)现代农业生产经营者搜集信息的基本要求

现代农业生产经营者搜集信息最基本的要求如下。

①针对性

针对性是指搜集的信息要紧密结合自己经营的实际需要，以最小的成本获得最多、最有用的经济信息。

②及时性

及时性是指在搜集信息一要尽量减少信息传递的中间环节和层次，保证及时地获取必要的信息；另要认真地鉴别信息的实效性，过时的信息不能用，这是由经济信息本身的特点决定的。

③准确性

准确性是指经济信息的来源和内容要准确可靠。

④全面系统性

全面系统性是指搜集的市场信息必须全面，切忌以偏代全。从发展趋势看，为了适应农业结构调整和市场需求不断变动的需要，仅有一般的、全局的、笼统的信息很难对农业生产经营提供有力的支持。现代农业生产经营需要更多的差异性信息，如单纯的小麦产量或总量信息明显单薄，不同品种的小麦差异很大，不同质量、不同收获时间、不同地区、不同种植条件等都是差异信息，还有跟生产相配套的价格、地区、销售渠道的差异信息，各种各样的差异信息与总量信息配套搜集，才能满足农业生产经营者合理安排生产经营计划的要求。

⑤经济性

经济性是指因信息所带来的收入大于为获得信息所付出的代价，这种信息的采用在经济上是核算的。

(3)现代农业生产经营者搜集信息的途径和方法

现代农业生产经营者搜集信息的途径有直接途径和间接途径两大类。

直接途径获取的信息属原始的第一手资料，真实可靠程度较高，但获取信息付出的代价也很大，不具备条件和实力的农户，一般不宜采用直接途径获取信息。

通过报刊、杂志、广播、电视等获取信息属于间接途径，间接途径获取的信息真实可靠性相对稍差，但获取信息的代价较小，一般的农户都采用这种方式获取信息。

常见的信息获取途径有：

a. 从国家发布的政策、法规，召开的重要会议，领导人的重要讲话中获取有价值的信息。通过这种途径获取信息一般需要有敏锐的政策洞察力和判断力，要有灵活的经营头脑和预测能力。

b. 从政府有关部门发布的资料中获取信息。如从政府发布的国民经济统计资料中，可获取经济状况，各行业、各种主要产品生产状况，人民生活水平和购买力状况信息；从发展规划中可获取国家和某一地区未来经济发展动向信息；从家计调查资料中可获取城乡收入水平结构、消费结构及其发展趋势的信息；从人口普查资料中，可获取产品需求结构、需求类型的变化趋势信息等。

c. 从报刊、杂志、广播、电视、收音机等传统传媒中中获取信息。这种获取信息的途径在实际中是经常采用的，能为广大农户所掌握和普遍接受。

d. 从互联网等现代传媒中获取信息。互联网具有传播信息量大、覆盖面广、信息传递及时等优点，但它对信息搜集者的素质要求较高，要求会用计算机上网。

e. 从当地政府为农民办的各类技能培训班上获取信息。通过这种途径获取的信息一般比较可靠，花费的成本较低甚至免费就能较好地掌握经营技能。

f. 从与别人的交流中获取信息。通过这种途径获取的信息需要认真的识别、分析。

g. 从实地调查中获取信息。通过这种途径获取的信息比较实在、可靠，特别是获取科技信息，参观访问的效果最好。同时，采取这种途径还能捕捉到很有价值的市场信息。

h. 从有关信息调研、咨询机构获取信息。这种途径搜集信息方便、快捷，能够在最短的时间内获取所需要的信息，弥补农户在搜集信息方面的力量不足。但搜集信息费用较高。

i.通过市场调查获取信息。这是获取第一手资料的最佳途径，但付出的代价大。一般的农户要做全面的市场调查是不可能的，但做局部、小范围的市场调查还是可以办到的，如亲自和专门雇请人员调查产品的市场销售情况、消费者的意见、竞争产品的销售情况及消费心里的变化趋势等。

现代农户搜集信息可以通过阅读收听、观察、参观访问、网络搜集、委托搜集、实验、调查等方法进行。

(4)利用互联网快速查找信息

现代农业生产经营者可以登录任何一个比较大的网站，如新浪、搜狐、网易等，或登录专门用于搜索的网站，如百度搜索、谷歌搜索等，输入要寻找的网站名称或需要的经济信息关键词，点搜索就可以找到相关信息资料，各个网站都设有相关链接，可以在页面上直接跳转，快速获取相关信息。

如输入农业信息，可以看到国内农业部主办的中国农业信息网以及各省地区的上百个农业方面的网站地址。农业部已在种植业、畜牧、水产、农垦、农机、乡镇企业、农业科技教育、农产品市场等领域形成了33条信息采集系统，在全国建立的采集点达8 000多个。可以方便地了解各地的农业信息；输入农资信息，可以看到全国各地的农资信息网站，对农资供销情况一幕了然。

现在网络上已经出现了一些以产品为龙头的信息网站，如围绕“强筋小麦”所做的网、无籽西瓜网、蜜桔网、小麦网等。这些网站对特定产品的生产、流通、消费主流进行全程监控，考虑用户的信息需求，为他们提供针对性的信息服务，协助用户完成自己的决策任务。

互联网最主要的作用就在于其具有双向性的交互作用，农民上网也只有通过信息交互才能真正取得显著的效果。农民上网的交互性主要表现在以下三个方面：一是在浏览有关网站，看到别人的供求信息时，立即把自己的意见和要求传送给对方，如网上洽谈合作意向、网上签订产销合同、网上付款购物等，在此过程中要经过多次“交互”；二是将自己的招商信息、供求信息等发布到有关网站的相关栏目中，如《苏州农网》网站上就有一个《电子商务信息平台》，其中就有招商引资、技术交易、农用物资、种植业类、畜禽养殖、水产养殖、产品加工、产品运销、专业市场、二手市场等15个栏目，上网用户可将自己需要发布的信息发布到相关栏目里，一旦其他用户对此感兴趣，就会反馈意见和要求，既可以根据发布信息者提供的地址和电话号码，发信件或打电话联系，也可以直接在发布者发布的信息上当即给予“回复”，即网上的信息交互；三是将自己的生产经营情况、合作意向、产品供求等信息集合起来，制作一个网页，甚至制作一个网站，发布到互联网上，这比在《电子商务信息平台》上发布信息更进一步，其内容更加广泛，可以图文并茂，而且可以不断地更新和充实内容。

(5)现代农业生产经营者对所搜集信息的处理

现代农业生产经营者不管通过什么途径和方法搜集到的信息，必须经过筛选、分类、分析研究。

①信息的筛选

信息筛选是指从搜集到的经济信息中去伪存真，挑选合适的准确的有用信息，提出无用信息。现代农户可以采用以下方法对信息进行筛选。

a.复查法。剔除内容相同、重复的信息，留下有用的信息。

b.时序法。把搜集到的信息安按时间顺序排列，然后在同一时期内选择最新的信息。

c.类比法。把搜集到的信息从不同角度进行分类，在统一类别中进行比较，从中选择信息量大、更能反映所需情况的信息。

d.评估法。即请有关专家和专业人员对所搜集到的某些专业性、技术性较强的信息进行评估，根据其价值大小进行选择。

②信息的分类

对搜集到的不同种类的经济信息，按一定的标准分门别类地加以处理，建立信息档案，组成一个完整的信息资料体系，以利于农户对信息的掌握和理解，同时也便于使用和储存。

信息分类可以按信息涉及的内容分类，如政策、法规类，产品生产新技术、新工艺类，消费者意见类、市场供求、价格类等；信息还可以按经营项目分类。在建立分类信息档案后，还要注意对相关的信息进行定位的、及时的、连续的长期跟踪搜集。通过信息跟踪，可以帮助农户及时了解所经营的产品发展变化趋势，从中捕捉到新的信息，为调整经营方向、改变经营策略、提高生产技能提供重要的参考。

③信息的分析

信息分析是信息加工的核心。通过信息分析可以揭示经营中的矛盾和问题，发现事物之间的内在联系，反映事物的本质，掌握事物发展变化趋势。

信息分析通常采用以下方法：

a. 背景分析。即通过对经济信息出现的背景进行分析，抓住本质。

b. 求同去异。即寻找不同事物中起支配作用的共同点。

c. 求异去同。即针对不同事物寻求产生不同结果的原因。

d. 简单计算。即对该经营项目的收入、成本、利润进行初步计算，决定是否从事该项目的经营。

e. 比较。比较有纵向比较和横向比较。纵向比较是把不同历史时期的相关信息进行比较，来发现事物未来发展变化趋势，或揭示生产中可能出现的问题；横向比较是把同一时期、不同地点的相关信息进行比较，来了解自己的优势和劣势，寻找生产经营的突破口。

f. 预测。根据所掌握的过去和现在的有关信息和相关的认识理论，采用科学的预测方法，对未来事物的发展变化趋势做出预计和推测。

农户对加工后的信息可以采用卡片、账页、文摘、录音和拍照的方式保存。

3. 现代农业生产经营信息的利用

(1)现代农业生产经营者有效利用信息的原则

现代农户要有效利用信息,必须遵循以下原则。

①分析信息的可靠性

这是利用信息的关键,不可靠的信息会使农户做出错误的决定,给农户带来经济损失。

②验证信息的可行性

现代农户在采用获得的信息发展新经营项目前,一定要验证该信息的可行性。

③注重信息的时效性

信息的实效性决定了信息在一定的时间范围内有价值,这就要求现代农户必须捕捉最新的信息,做出最快、最准确的决策。

④注意信息的地域性

信息的作用是有地域性的,不同地区对同一信息的适应性不同,信息的应用要因时因地而异。

⑤关注信息的联系性

各种信息在客观上是相互联系的,这种联系反映了社会各领域、部门、产品之间以及市场内部和外部之间普遍联系的关系。农户要善于从各种信息的关系中来发现和判断信息的价值,以确定自己的经营策略。

(2)现代农业生产经营者有效利用信息的条件与能力

现代农户在信息利用方面要具备必要的条件和相应的利用信息的能力。

首先,现代农户应创造一个良好的信息利用环境,尽可能拥有信息利用的硬件设施。如果经济条件允许,可以购置快速搜集信息的电脑、电话、调制解调器或宽带网等,提高信息利用的速度和效率。对于大多数受经济条件限制不能上网搜集信息的农户,可根据自身的需要选择性地订阅一些报刊、杂志、相关书籍、光盘，组建自己的信息库。农户也可以联合起来，把各自的信息资源集中整合，相互沟通、交流，彼此提供有用的信息，达到信息资源共享。

其次，现代农户要提高利用信息的能力。现代农户利用信息的能力是一种综合能力，也是现代农户综合素质的反映。现代农户利用信息的能力主要体现在信息的筛选能力、信息的鉴别能力、灵活运用信息的能力、总结提高的能力上，现代农户可以通过参加适当的培训来提高上述能力。

(3)现代农业生产经营者应用信息的策略

①“反向思维”策略

“反向思维”即按事物发展常规程序的相反方向进行思考，寻找利于自己发展，同时与常规程序完全不同的路子。这种思维方式在环境对生产经营不利的形势下同样适用，也就是从市场的威胁中看到或发现发展机会。如，当应季产品供过于求时，低价卖掉赚不到什么钱，可以采用一定的方法把产品储藏起来等到产品供不应求时卖出，讲究能赚钱。

②以变应变策略

以变应变就是及时把握市场需求的变动，根据市场变动调整生产经营策略。

③“嫁接”策略

“嫁接”就是分析不同地域的优势和消费习俗，把其中能结合的连接起来，进行巧妙的“嫁接”，从中开发新产品、开辟新市场。

④“错位”策略

“错位”就是把劣势变成优势开展经营。如，气温低在农业生产上并不是优势，但是如果进行反季节农产品的生产经营，就把气温的劣势变成了优势。

⑤“夹缝”策略

“夹缝”就是寻找市场的空隙或冷门开展生产经营。市场空隙是指某些有市场需求，但需求量不大，规模大一些的生产经营者不愿意从事的生产经营项目。目前一些农户总想找热门跟在别人后面跑的做法是不明智的，寻找市场空隙和冷门对目前还不具备相当生产规模的农户来讲是很有意义的。

⑥“绕弯”策略

“绕弯”就是用灵活策略去适应多变的市场。在农村，农户习惯出售未经任何包装的农产品，殊不知商品经过适度的加工、包装后有可能大幅度增值。这种“绕弯”的灵活策略往往使农户收益。

4. 财政支农政策概述

(1)财政支农的概念

财政支农是指国家财政对农业、农村、农民的支持，是国家财政支持农业、农村、农民的主要手段，其主要表现形式为资金投入优惠政策和制度建设。

财政支农资金实际是指财政支出中直接用于支援农业生产或与农业生产联系较为密切的资金，主要有支援农村生产支出、农业综合开发支出、农林水利气象等部门事业费、支援不发达地区支出、农口基本建设支出、企业挖潜改造资金、农业科技三项费用、农业研究经费、社会福利救济费、政策性补贴支出等。

(2)财政支农政策的种类

目前，我国中央财政的支农政策的种类，如表 2-1。

表 2-1　中央财政直接支持“三农”资金的种类

序号	资金类别	掌握部门
1	基本建设投资(国债资金)	国家发展改革委员会
2	农业科学事业费	财政部、科学技术部与农业部
3	科技三项费用	财政部、科学技术部与农业部
4	支援农村生产资金	财政部与相关部委局办
5	农业综合开发资金	财政部
6	农林水气等部门事业费	财政部与相关部委局办

续表 2-1

序号	资金类别	掌握部门
7	支援不发达地区资金	财政部与相关部委局办
8	水利建设基金	财政部与水利部
9	农业税灾歉减免补助	财政部与相关部委局办
10	农村税费改革转移支付	财政部与相关部委局办
11	农产品政策性补贴资金	财政部与相关部委局办
12	农业生产资料价格补贴	财政部与相关部委局办
13	农村中小学教育资金	财政部与教育部
14	农村卫生资金	财政部与卫生计生委
15	农村救济资金	财政部与民政部

(3)财政支农政策的内容

目前,我国财政支农政策的内容,如表 2-2。

表 2-2　财政支农政策的内容

序号	政策	用于此方面的财政支农资金
1	支持农业农村基础设施建设	农业基本建设投资、农业综合开发资金、小型农田水利建设资金、农村小型公益设施建设资金、扶贫资金等
2	支持农业科技进步	农业科研资金、科技三项费用、农业科技推广资金、农业科技成果转化资金、农民科技培训资金等
3	支持粮食生产和农业结构调整	良种补贴、农业产业化资金、农民就业技能培训资金、支持农民专业合作组织资金、农产品政策补贴资金等
4	支持生态环境建设	退耕还林资金、天然林保护资金、森林生态效益补偿资金、草原生态治理资金、水土保持资金

续表 2-2

序号	政策	用于此方面的财政支农资金
5	支持抗灾救灾	特大防汛抗旱资金、动植物病虫害防治资金、森林草原防火资金、农村救济费、农业税灾歉减免补助资金等
6	支持扶贫开发	财政扶贫资金、国债资金(以工代赈)等
7	支持农村社会事业发展	教育资金、医疗卫生资金、文化事业费等
8	支持农村改革	农村税费改革转移支付、农产品政策补贴等

三、农业生产管理

(十二)订单(合同)与生产计划

——现代农业生产经营的“蓝图”

1.合同概述

(1)合同的概念

合同也称契约,是自然人、法人和其他经济组织之间设立、变更、终止民事权利义务关系的协议。

经济合同是指在经济活动中,当事人为了一定的经济目的,按照政策、法律要求,通过协商,明确各自的权利和义务而达成的协议。经济合同是一种法律行为,经济合同一经鉴定,即具有法律约束力,当事人必须履行合同的各项规定。

(2)合同的主要内容

合同的内容是当事人之间就设立、变更或终止权利、义务关系所表示一致的意思,通常称为合同的条款。合同条款直接明确了当事人双方的合同权利和合同义务。合同的内容主要包括如下内容。

①当事人的名称或姓名和住所

姓名和住所是居民身份证或户籍登记簿上登记的正式称谓和居住场所。法人或其他经济组织的住所是指在等级机关登记的主要办事机构所在地。

②标的

标的是合同当事人双方权利义务所指向的对象。例如,鉴定销售小麦合同,小麦就是合同标的;鉴定贷款合同的标的是货币。合同的标的可以是物,也可以是行为或智力成果。

③标的数量和质量

标的的数量和质量是计算标的的尺度和具体特征。标的的数量计量单位和计量方法应在合同中明确、具体。计量单位、方法和质量标准要按国家或主管部门规定的执行。无规定的按双方商定执行,或按样品标准验收,对鲜货产品要商定合理的检验和检疫方法。

④价款或报酬

价款或报酬是一方当事人履行义务时另一方当事人以货币形式支付的代价。价款或报酬是有偿合同的主要条款,无偿合同如赠与合同则没有价款或报酬内容。

⑤履行期限、地点和方式

履行期限是合同规定交付标的和支付价款的时间,也是确定合同是否按时履行的客观标准。合同中履行期限要明确、具体,超过旅行期限要承担违约责任。

合同履行地点是指当事人在什么地方交付标的或提取标的。履行地点也是判定合同是否已经得以履行的一个标准。履行地点有时是确定运费的负担、风险的承担以及发生纠纷后由哪一地法院管辖的依据,在合同中必须写明详细、具体的履行地点。

合同的履行方式是交付标的的方式,可以根据合同标的以及交易活动的实际需要来确定。履行方式与当事人的利益密切相关,应当从方便、快捷和防止欺诈等方面考虑采取最适当的履行方式。并在合同中明确规定。

⑥违约责任

违约责任是指当由事人一方或双方的过错,造成合同不能履行或不能完全履行,过错方所必须承担的经济责任。违约责任一般是由违约方按照合同约定向对方支付违约金或赔偿金。

⑦解决争议的方法

解决争议的方法是指当事人如果在合同的履行过程中发生争

议，通过什么途径解决争议。如发生争议可以通过协商达成和解、通过仲裁解决或通过诉讼解决。

合同签订后，要经过有关部门进行公证和鉴定，保证经济合同的合法性和可行性，使合同具有法律和行政监督手段要素。

(3)签订经济合同

订立合同要经过要约和承诺的过程。

①要约就是提出希望与他人订立合同的意思的表示

提出签订合同建议的一方称为要约人，有效的要约必须具备两个条件：一是要约的内容要具体明确，要约包含要约人所希望订立合同的基本条款；二是要约应当表明经受邀约人承诺，要约人即受其意思表示的约束。

我国合同法规定“要约到达受要约人时生效”。不同的要约方式，判定其达到的标准有所不同。在当面或电话口头对话的情况下，受要约人了解要约的内容，即要约送达了受要约人，要约开始生效；以邮件、电报、电传、传真等方式发出要约的，要约以送达受要约人的通常地址、住所或能控制的地方（如信箱等）时起开始生效；采用数据电文形式订立合同（包括发出要约）的，受要约人指定特定系统接受数据电文的，数据电文进入该特定系统的时间为要约到达时间，未指定特定系统，该数据电文进入受要约人的任何系统的首次时间视为要约到达时间，要约开始生效。

要约的撤销是有一定条件的，即撤销要约的通知必须在受邀约人发出承诺通知之前到达受要约人。此外，在以下情形下要约不得撤销：要约人确定了承诺期限，或者以其他形式明示要约不可撤销；受邀约人有理由认为要约是不可撤销的，并且已经为履行合同做了准备工作。

存在以下情形之一，要约失效：

a. 拒绝要约的通知到达邀约人。

b. 要约人依法撤销要约。

c. 承诺期限届满，受要约人未做出承诺。

d. 受要约人对要约的内容做出实质性变更。

②承诺就是受要约人同意要约人所提出的订立合同建议的意思表示

承诺一旦生效，合同即成立。承诺是合同订立的一个重要环节。承诺的条件是：承诺必须由受要约人做出，任何第三人不享有承诺的权利；承诺必须是向要约人做出的，向任何第三人做出承诺，达不到与要约人订立合同的目的；承诺的内容必须与要约的内容一致，如果受要约人在承诺中对要约的内容加以扩张、限制或变更，就不构成承诺；承诺必须在要约的有效期内做出。

(4)合同的变更或解除

合同签订后出现了实现合同条件变化时，如国家政策的调整、市场供需、生产经营状况及自然条件变化的影响，使原来签订的合同继续履行已经不可能或不必要，允许当事人双方经过一定程序，协商签订变更或接触合同的协议书。

合同的变更是指合同尚未完全履行之前，由当事人双方根据变化的条件对合同的内容进行增加、减少或修改。合同的解除是指由于各种变化使原来签订的合同已经无法履行，由当事人双方通过协商提前终止合同关系。

一般符合下列情形之一者，可依法变更或解除合同。

a. 经当事人双方协商同意。

b. 合同当事人一方因倒闭、停产、转产、破产确实无法履行合同。

c. 由不可抗力或由一方当事人虽无过失，但无法防止的外界原因，致使合同无法履行。不可抗力指人力无法抗拒的自然或社会的某种强制力，如地震、风灾、水灾、旱灾、战争等。

d. 由于一方违约，使合同的履行对另一方成为不必要时，允许变更或解除合同。

合同的变更或解除必须经过一定的法定程序。

a. 由要求变更或解除合同的一方，及时向对方提出要求变更或解除合同的理由、变更合同的条款、造成的经济损失和答复的期限。

b. 接受建议的一方要在规定的期限内对变更或解除合同的建议做出接受或拒绝的答复，或再提出新的建议，双方进一步协商。

c. 办理变更或解除合同的书面手续。

(5)违约责任

一般来说，现代农业生产经营者要在以下条件下要承担违约责任。

①出现故意和过失违约过错

故意过错时指现代农业生产经营者已经知道自己的行为可能发生不良后果，并且希望或放任这种不良后果的发生。过失过错是指由于疏忽大意没有预见或工作上的失误导致发生不良后果。不论故意或过失造成的违约，都要承担责任。一方造成的违约由一方承担责任；双方造成的违约，由双方根据情节分别承担各自应负的责任；由于不可抗力造成的违约，不是生产经营者的主观过错，可以免除违约责任。

②不履行和不完全履行合同。

承担违约责任的主要形式有：

a. 支付违约金。违约金时指由法律或合同预先规定的，在当事人一方因过错不履行或不完全履行合同时，应付给对方当事人一定数额的货币。

b. 支付赔偿金。赔偿金是指违约方因给受害方造成损失，在没有规定违约金或违约金额不足弥补损失时所支付的补偿费。它和违约金的总和应当与损失相当。赔偿金只具有赔偿性质。

③继续履行合同

在违约方支付了违约金和赔偿金后，根据对方的要求，在对方指定或双方约定的期限内，继续履行合同规定的义务。违约方支付的违约金和赔偿金，这时违约方承担的经济责任，并不能因此而解除其合同继续履行的责任。

(6)合同纠纷处理

处理合同纠纷的方式方法主要有协商、调解、仲裁和诉讼。

①协商

协商是合同当事人自行解决合同纠纷的一种方法。在发生合同纠纷时，当事人应本着有利于双方协作的原则，相互之间主动让步，达成和解。这种方法可以使纠纷及时得到解决，有利于当事人经济关系的发展。

②调解

调解是指合同管理部门根据合同当事人的申请，在查清事实，分清是非的基础上，对合同当事人双方进行说服教育，使当事人双方互相谅解，并自动达成协议，解决争端的过程。调解的具体程序是：

a. 由当事人向合同管理部门提交调解申请书，并附上有关证明材料。

b. 合同管理部门接到调解申请书后，认为可以受理，即将申请书转另一方，待对方同意后，等级立案。

c. 合同管理部门将合同纠纷调解通知书双方。在约定时间、地点，根据双方陈述情况、理由和调解的要求，当面协商调解。

d. 制作合同调解协议书，双方当事人各执一份，合同管理部门存档一份，以便双方当事人按达成的协议执行。

调解有利于防止矛盾激化。调解要本着自愿的原则，如果不愿调解或调解不成，当事人可选择仲裁或诉讼的方式解决纠纷。

③仲裁

仲裁是由合同仲裁机关，对所产生的合同纠纷，依法做出有约束力的裁决，以解决合同纠纷的一种方式。我国的合同仲裁机关是国家工商行政管理局和地方各级工商行政管理局设立的经济仲裁委员会。合同仲裁的程序是：

a. 由当事人一方在其权利受到侵害时起的一定时间内，向所在地经济仲裁委员会提出仲裁申请。

b. 仲裁委员会接到仲裁申请书后，认为符合仲裁条件，申请手续完备，则接受仲裁申请。

c. 仲裁委员会依法对合同争议做出裁决，下达“仲裁决定书”，裁决即有效。

d. 裁决以后如果当事人不服，应在收到“仲裁决定书”之日起15天内，向人民法院起诉，超过15天裁决就发生效力，裁决结果由仲裁机构监督执行。

仲裁具有办案快、程序简便、费用低等特点。

④诉讼

合同法规定，当事人没有在合同中订立仲裁条款，发生争议后又没有达成书面仲裁协议，任何一方当事人都可以向我国人民法院起诉，直接请求人民法院给予法律上的保护。诉讼的程序是：

a. 由原告方向法院递交起诉状，法院接到起诉状后，认为可以立案，即受理此案。

b. 法院对案件进行调查、研究和搜集证据。

c. 审判。审判是法院对案件进行审理和判决的过程。

d. 执行。执行是以法定程序，将已经发生法律效力的裁定和判决，按其内容和要求加以实现。

2. 订单农业

(1)农产品买卖合同

①农产品买卖合同的概念与形式

农产品买卖合同是农户与农产品采购商在购销方面自愿互利、平等协商签订的维护信用并具有法律效力的协议。

根据业务关系划分，农产品买卖合同有以下形式：

a. 买卖结合合同，就是农产品收购单位和农户签订的既收购农户生产的农产品，又供给农户生产资料和日用工业品内容的合同。

b. 农产品预购合同，是指农产品收购单位通过预付定金的办法与农户签订的收购农产品的合同。农户按照合同规定的品种、数量、质量及交货时间和地点，把农产品卖给收购单位，收购单位从应支付的收购款中扣除预购定金。

c. 农产品议购合同，是指农产品收购单位与农户根据生产情况和市场需求，协商签订的合同。

d. 农产品派购合同，这是指较重要的工业原料，国家指定的收购单位在播种前，根据国家法律法令对农户分派交售任务，签订的合同。合同规定农户应交的产品品种、数量、质量、交货时间、地点以及货款的支付方式等。

②农产品买卖合同的特点与内容

农产品买卖合同具有如下特点。

a. 政策性强。国家刺激和保护农业生产者利益的政策在合同中通过订购的数量和价格等体现出来。

b. 季节性强。农产品生产的季节性导致了农产品买卖合同具有较强的季节性。

c. 不稳定性。农产品生产受自然条件和经济条件影响较大，在不同年份、地区收成不稳定。在农产品买卖合同执行中，当事人双方要及时根据客观情况进行协商和调整合同，避免意外损失和发生纠纷。

农产品买卖合同的内容主要包括产品名称、数量和计量单位；产品的品种、等级、质量和包装；产品的价格；交(提)货的期限、方式和地点；交(提)货日期的计算；产品验收和货款的结算；违约责任和当事人协商同意的其他条款。

③农产品买卖合同的签订

签订农产品买卖合同应注意以下问题。

a. 农产品买卖合同中的标的要明确具体，尽量采用通用名称；供方不得自行变更产品的品种、规格，如需变更应与有关方面协商一致，并以书面材料为准；供销双方应掌握有关合同规定的产品的生产知识。

b. 农产品买卖合同中的产品计量单位和计算方法必须符合

同意规定，概念清楚；掌握发货限额、尾差和合理偏差及分批交货的数量；任何一方不能擅自更改供货数量，需要更改必须经当事人双方协商，协商一致后加盖变更核对章。

c. 注意农产品买卖合同中产品质量标准，产品有国家标准货专业标准的，按国家或专业标准签订；没有国家或专业标准的，按地区标准；上述标准都没有时，由当事人双方协商确定。

农产品买卖合同中产品质量验收、检疫方法按国家有关规定执行。

d. 应注意农产品买卖合同中产品运输的时间和地点。产品运输到达的地点应认真填写。变更收货单位，需方货收货人应在交货期前通知供方，并由需方承担由此发生的费用。

(2)订单农业的概念与特点

订单农业是指以农产品订购合同为依据开展生产经营活动的农业，也叫合同农业或契约农业。签约的一方为企业或中介组织，也包括经纪人和运销户；另一方为农户或农民群体代表。

订单农业具有市场性、契约性、预期性和风险性。订单中规定的农产品收购数量、质量和最低保护价，使双方享有相应的权利、义务和约束力，不能单方面毁约。因为订单是在农产品种养前签订，是一种期货贸易，所以也叫期货农业。

(3)我国订单农业的形式

我国订单农业的五大形式如下。

①农户与科研生产单位签订合同

主要是签订农作物制种合同，依托科研技术服务部门发展订单农业。如山东农业大学与山东省安丘市的蔬菜优质品种繁育等。

②农户与农业产业化龙头企业或加工企业签订农产品购销合同

这种形式主要是依托龙头企业或加工企业发展订单农业。如蓝银欣集团的粮食深加工、德大集团的饲料与禽肉生产等。

③粮食主产区与销区签订粮食购销合同

一般是粮食产销区政府部门、国有粮食企业之间签订粮食购销合同，产区政府部门、企业再向农户签订粮食产销合同，被称为“大订单”。如浙江省 2000 年同黑龙江省签订了 160 多亿斤的大米、玉米订单，除自用外，还销往其他地区。

④农户与专业批发市场签订合同

这种形式主要是依托大市场发展订单农业。较为典型的如山东省寿光市的全国蔬菜批发中心，不仅以订单的形式带动了本地的蔬菜专业化生产，而且与外地蔬菜生产基地也有购销合同。

⑤农户通过经销公司、经纪人、客商签订合同

这种形式主要是依托中介流通组织发展订单农业。如河北省乐亭县，围绕蔬菜、果品、水产品的基地化生产，全县有 260 个专业合作社、生产协会和经销公司与农户签订订单合同，建立产销关系。

(4)农业行政部门对订单农业的规范

针对当前在发展订单农业中出现的问题，农业部专门下发了《关于发展和规范订单农业的意见》，要求采取以下措施：规范订单的运行。第一是规范订单的形式和内容，包括双方的权利和义务、履约方式、违约处理等有关条文和规定；第二是规范订单的主体，明确企业和农民是订单的主体，地方政府、部门不能搞包办代替，不宜出面签订合同；第三是规范合同格式和签订程序，要在自愿、平等、互惠互利的基础上依法签订订单。强化订单双方的法律意识。订单是一种合同或契约关系，受国家法律保护。订单一经签订，订单双方必须严格履约。农民和企业都要增强法制观念，认真履约，维护订单合同的严肃性。订单任何一方因市场价与合同价不符而不能履约的要通过协商解决。订单双方中任何一方出于自身利益无故毁约放弃执行订单，造成对方损失的，受害方可以通过法律途径诉讼解决。

3. 农业生产经营计划

(1)农业生产经营计划的概念与特点

农业生产经营计划是农业生产经营者根据国家指导和市场需

要，对一定时期内生产经营活动所做的统筹安排，是农业生产经营决策的具体化。农业生产经营计划具有以下特点。

①以市场为导向，以销售为核心

农业生产经营应"为卖而产"，因此，农业经营计划应以市场需求为导向。农业生产经营者在对其生产经营活动进行统筹安排时，要围绕销售计划来安排其他相关的生产经营活动。

②以利润为目标

农业经营计划应强调经济效益，以提高资金利用率为中心安排生产经营活动，始终把追求合法的经营利润作为首位目标。

③具有较强的灵活性

目前，我国农业的经营规模都不大，因此农业经营计划在时间上可长可短，在内容上可多可少，遇到特殊情况可随时调整生产经营计划，以适应新的市场环境的变化。

④具有不规范性

农业生产经营者一般受文化水平限制以及存在认识上的误区，比较喜欢粗略的非书面计划，一般不进行详细的市场分析。这种不规范性存在很多漏洞，有时可能导致整个计划搁浅。

(2)制订农业生产经营计划的重要性

第一，生产经营计划的重要作用之一就是确定生产经营目标，明确生产经营方向，并合理利用资源，有效完成生产经营任务。第二，生产经营计划作为各生产经营环节共同的行动纲领和指南，可使现代农户的各个生产经营环节各尽其职、相互协调、紧密配合。第三，生产经营计划本身具有控制现代农户生产经营活动的标准和尺度的作用，同时，生产经营计划是沟通生产经营活动出发点与目的地之间的桥梁。因此，现代农户应认真制定生产经营计划。

(3)生产经营计划的类型及其内容

现代农业生产经营计划按计划时间长短分为长期计划、年度计划和阶段（季节）计划，这三种计划彼此相互补充、相互联系。

①长期计划

长期计划，一般指5年以上的计划，指明现代农业的生产经营方向、生产规模，主要是将重要的经营发展项目和措施确定下来，树立长期的分动目标。长期计划包括的内容有：概述农业生产经营的现状和发展基础；确定农业生产经营的指导思想；制定发展目标和收入指标，如固定资产投入、生产产量、商品率、劳动生产率、土地生产率、资金成本和利润等；实现长期计划的措施，主要是土地利用、农业基本建设、农机设备配置、经营管理、从业人员素质提高等方面的计划。

②年度计划

年度计划，指在计划年度内应该实现的经营目标，包括产品品种、产量、产值、老定生产率、土地利用率、物质消耗、成本、利润及其他应达到的目标。现代农业生产经营的年度计划由生产计划、物资供应计划、产品销售计划、技术措施计划、财务收支计划等计划构成。年度计划是长期计划的具体化。

③阶段（季节）计划

阶段（季节）计划，主要是根据年度计划的要求与不同阶段（季节）的实际情况来编制，阶段（季节）计划的内容比较具体，可根据不同的生产项目的阶段和联系性划分不同的阶段（季节）。阶段（季节）计划是年度计划的具体化。为使阶段（季节）计划得到有效的执行，现代农业生产经营者可采用卡片或表格的形式，把阶段（季节）计划下达到作业人，用计划来指导生产活动。

(4)编制生产经营计划的基础工作

编制生产经营计划应做好以下基本工作。

①认识环境，分析条件，估量机会

环境是进行生产经营活动的外部条件，是农业生产经营活动的前提。通过对环境的认识，把握机会，减少不确定因素所造成的风险损失。同时，认识环境可以更好地预测未来发展趋势，增强农户的应变能力。

通过对生产经营地区的自然、经济、社会资源的状况，技术、设备、管理 方面的因素分析，初步考察未来可能出现的机会，了解得到这些机会的能力，根据自身的条件，为制定经营计划提供科学的理论依据。

②做好原始记录和统计工作

原始记录是指作业日表、物资领料单等。统计工作主要是把原始记录进行分类、汇总、分析，掌握事物的发展规律。原始记录和统计工作是制定定额、编制计划的依据，也是监督计划执行的工具。原始记录和统计工作应做到全面、准确、及时，应有专人负责这项工作。

③制定和修改各种定额

定额是计算各项资源需要量的依据。定额包括人员配备定额、劳动定额、物资储备定额、物资消耗定额、资金占用定额、费用和成本定额等。

(5)编制生产经营计划应遵循的原则

在编制生产经营计划时应遵循以下原则。

①实事求是

农业生产经营者在制定经营计划时要根据市场需求，充分考虑到自身经济实力、技能水平、自然条件，充分发挥自身的优势和特长。

②讲求效益

在编制生产经营计划时，要认真核算消耗和成果，评价计划方案，尽可能地以最小的投入获得最大的收益。同时，在制定生产经营计划时还要兼顾社会效益和生态效益。

③统筹兼顾，保证重点

在编制生产经营计划时要全面考虑，使各方面得以统筹安排。同时，要明确重点，在资源投入上既保证重点，又兼顾一般。

④灵活应变

农业生产经营者在生产经营过程中会受到不确定和不可控因

素的影响。因此,在制定生产经营计划时要留有余地,对常见的不确定因素要有应变措施,使计划具备一定的灵活性和适应性,增强在计划执行中的应变能力,确保经营经营目标的实现。

(6)编制生产经营计划的基本方法

现代农业生产经营者制定生产经营计划的基本方法有定额法、比例法、平衡法、滚动计划法、甘特图法、网络计划法等。

①定额法

定额法是根据有关定额来计算、确定计划指标的方法。如根据物资消耗定额和产量定额计算原材料需要量等。

②比例法

比例法就是利用两个相关的经济指标之间长期形成的比例,推算并确定有关的计划指标的方法。如依据辅助材料消耗量和主要材料消耗量的比例,根据计划期内主要材料消耗量来确定辅助材料的需要量。

③平衡法

平衡法是从生产经营活动的整体出发,根据各环节、各因素、各指标之间的相互关系,采用平衡表的形式,在数量上协调各个环节和生产要素间平衡关系的方法。

平衡表的基本内容一般是由需要量、来源、余缺和平衡措施四部分组成。平衡表的格式如下:

×××平衡表　　　　**单位:**

项目	单位	需要量	供应量	余缺	平衡措施
合计					

在平衡表上通过“需要量”、“供应量”、“余缺”三部分相互之间的制约关系,进行比较、试算和调整,可以对生产经营各方面的资源与需要、社会生产与市场需求、家庭生产与生活需求的情况进行

预算。实现基本平衡，进而确定农业生产经营计划的基本指标和基本比例关系。

现代农业生产经营计划中平衡表主要有：

a. 物资平衡表。物质平衡表是以实物形态反映物质产品的生产与需要之间的平衡关系，案各种主要产品，如粮食、饲料、化肥、农药、种子、燃油等分别进行编制。

b. 劳动力平衡表。劳动力平衡表是反映农业生产经营对劳动力资源及其利用情况的平衡表。

c. 资金平衡表。资金平衡表是用货币形态反映农户资金来源和运用情况的平衡表。

④滚动计划法

滚动计划法是根据计划执行情况以及内外环境的变化，不断调整和修改计划以适应内外环境的新变化，把近期计划与长期计划相结合的一种计划方法。

滚动计划法的具体做法是：首先编制一个长期计划；根据长期计划第一年的实际完成情况结合具体的环境变化，找出影响计划完成的因素；最后修订一个新的更适应变化了的环境的长期计划，这样使计划经过逐年调整而更接近实际。以 5 年计划为例说明滚动计划的编制过程如下（图 3-1）。

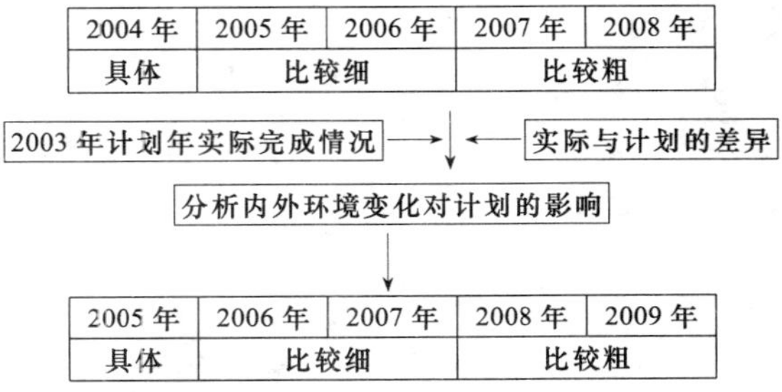

图 3-1　滚动计划的编制过程

⑤甘特图法

甘特图是用线条来表示工作进度的一种计划方法。格式如下。

×××生产进度计划图

序号	工作项目	执行单位	工作者	进度					
				1月			2月		
				上	中	下	上	中	下

甘特图主要是安排和控制农业生产进度，简单明了，但是不能反映多种工作相互衔接的关系，也不能反映人、财、物的调度情况。

(十三)标准化与农业生产规程
——现代农业生产经营的规矩与方圆

1. 农业标准化概述

(1)农业标准化的概念

所谓标准化，就是为了所有关联方的利益，特别是为了促进最佳的经济发展并考虑到产品使用与安全要求，在所有关联方的协作下，进行有序的特定活动所制定并实施各项规则的过程。其特点是简化、统一化、系列化、通用化、组合化。

在农业生产中，以农业为对象的标准活动就是农业标准化。农业标准化在本质上是一种科学的农业管理理念与方法，是一种科学的农业生产经营监管体系。农业标准化着眼于生产、加工、销售、消费、等有关方面的利益，着眼于现实资源和技术条件，以消费者的身体健康和安全为最高目的，以制定标准、实施标准为主要环节，按照同意、简化、协调、选优的原则，在各有关方面的协作下，对产品的生产、加工、贮藏、运输、销售全过程进行标准化管理。

(2)生产规程与农产品质量安全标准和控制

生产规程是将生产的每一个环节或过程按照一定的顺序和要求组织起来，形成的标准化程序。它是标准化的具体体现，是实现生产标准化的基础和前提。人们通过对生产规程的控制来实现生产的标准化目的。

农产品的质量直接关系到消费者的生活质量、身体健康乃至生命安全。由于我国曾长期处于农产品短缺经济阶段，农产品生产以追求产量为主要目标，大量使用化肥、农药、兽药、激素、饲料添加剂等，再加上农业生态环境污染，农产品质量安全问题十分突出。为保障消费者的身体健康和生命安全，就必须通过制定农产品生产经营过程的质量安全系列标准，实现从田间到餐桌的全过程质量控制，从根本上根治“餐桌污染”问题，保证农产品的食用安全和人民群众的身体健康。

(3)推行农业标准化与提高农产品的市场竞争力

农产品市场的竞争实际上就是农产品质量的竞争，技术壁垒和绿色壁垒正成为新的贸易保护主义手段。中国的农产品出口不断受到“绿色贸易壁垒”的困扰，因自身存在的质量安全问题在近乎苛刻的检测下不断遭到国外退运、拒收甚至销毁的命运，使许多农产品生产、加工和贸易企业蒙受巨大的经济损失，并丧失了进入国际市场的机会。然而推行农业标准化，就使农产品在生产、加工、储运、销售等环节有了质量规范和安全约束，将极大地提高我国农产品质量，从而提高我国农产品的市场竞争力。

2. 农业生产标准化之一

(1)农业环境及其保护措施

保护农业环境是促进农业可持续发展和食品安全生产的基本保障。保护农业环境的措施主要有：植树造林，开发治理荒山、荒地、荒滩，控制风沙危害，预防和治理水土流失，防止土壤沙化、盐渍化和贫瘠化，合理开发利用水资源；保护草原、草场和人工草地；防止固体废弃物、工业废水和生活污水污染农田、草原、林地、渔业水域及灌溉渠道，防止废气、烟尘和粉尘污染大气，无害化处理粪便、废水及其他废弃物；保护青蛙、蛇、猫头鹰等益虫、益鸟、益兽；合理使用农药、化肥、农膜等，防止农用化学物质对土壤和农产品的污染等。

(2)农业种子的标准化管理

农业种子分两大类：一类是植物种子，指农作物和林木等的种植材料或者繁殖材料，包括籽粒、果实和根、茎、苗、芽、叶等；一类是动物种子，包括种畜、种禽、种苗(如鱼苗)及其卵、精液、胚胎、等遗传材料。农业种子是农业的根基，农业种子的质量关系到农产品的质量，只有实行种子标准化才能做到农业种子优质化。种子标准化就是通过保护和合理利用种子资源，规范品种的选育和种子的生产、经营、使用行为，维护品种选育者和种子生产者、经营者、使用者的合法权益，来提高种子的质量，推动种子的产业化，促进农业经济的发展。

①植物种子质量的标准化控制

种子质量是指品种的丰产性、抗逆性、适应性、品质、纯度、净度、发芽率、水分、生活力等。植物种子质量的标准化控制：一是生产植物种子的农户必须按照植物种子生产规程进行生产，并达到种子质量合格标准；二是在种子的加工、贮存、运输、销售等环节实行标准化操作，保证种子质量；三是农户选用种子时要在国家规定的种子经营机构购买，并检查种子的各项质量指标是否达到国家所规定的质量标准。

②畜禽水产苗种质量的标准化控制

畜禽水产苗种是指种畜、种禽、种苗、及其卵、精液、胚胎等遗传育种材料。

畜禽水产苗种质量的标准化控制措施：一是保护和合理利用畜禽水产苗种资源，做到品种的及时更新换代和可持续发展；二是从事畜禽水产苗种繁育生产的农户必须按照技术规程规定的程序进行，生产合格的畜禽水产苗种；三是农户选用畜禽水产苗种时要在国家规定的经营机构购买，按照饲养规范，科学饲养。

(3)农药使用的标准化控制

农药指用于预防、消灭或者控制危害农业、林业的病、虫、草和其他有害生物以及有目的地调节植物、昆虫生长的化学合成或者来源于生物、其他天然物质的一种物质或者几种物质的混合物及其制剂。农药包括以下各类：预防、消灭或者控制危害农业、林业的病、虫（包括昆虫、蜱、螨）、草和鼠、软体动物等有害生物的农药；预防、消灭或者控制仓储病、虫、鼠和其他有害生物的农药；调节植物、昆虫生长的农药；用于农业、林业产品防腐或者保鲜的农药；预防、消灭或者控制蚊、蝇、蜚蠊、鼠和其他有害生物的农药;预防、消灭或者控制危害河流堤坝、铁路、机场、建筑物和其他场所的有害生物的农药等。

控制农药的使用是保障农产品安全和人民身体健康及生命财产的有效措施。农药是特殊商品,国家对农药的使用有严格的规定,对农药使用的标准化控制:一是严格按照农药安全使用规范使用农药,不使用未取得农药登记证或者农药临时登记证的农药、国家明令禁止生产或者撤销登记的农药、产品包装上未附标签或者标签残缺不清的农药,不使用甲胺磷、氧化乐果、瘦肉精、性激素等42种高毒、高残留农药,不使用假农药;二是严格按照农产品生产规程使用农药,不滥用、乱用农药,保证农产品质量;三是推广应用生物防治病虫害技术,减少化学农药的使用量。

(4)肥料使用的标准化控制

肥料是指用于提供、保持或改善植物营养和土壤物理、化学性能以及生物活性,能提高农产品产量,或改善农产品品质,或增强植物抗逆性的有机、无机、微生物及其混合物料。

控制肥料的使用是为了减少肥料对环境的污染、提高农产品的品质、保障人民身体健康的有效措施。主要的标准化控制措施:一是不使用未经登记的肥料产品、不合格的肥料产品;二是严格按照农作物栽培规程科学施用肥料,不滥用、乱用肥料,提高肥效,减少污染,提高农产品品质;三是推广应用测土配方施肥技术,应用复合肥、微生物肥料,增加有机肥的施用,减少化肥的施用。

(5)饲料的安全选用

饲料是指经工业化加工、制作的供动物食用的饲料,包括单一饲料、添加剂预混合饲料、浓缩饲料、配合饲料和精料补充料。

饲料的质量安全直接关系到畜产品质量安全,关系到人民的身体健康。因此,必须安全选用饲料:一是必须保证制作饲料的原料安全,只有饲料原料安全,才能保证饲料的安全,所以养殖户如果是自制饲料就必须选用质量安全的饲料原料;二是选用正规厂家生产的饲料，不用无生产许可证和产品批准文号、无产品质量标准、无产品质量合格证的饲料、饲料添加剂；三是严格按照畜牧养殖规程操作，科学制作和使用饲料，科学喂养，提高饲料的转化作用。

(6)兽药的合理使用

兽药是指用于预防、治疗、诊断畜禽等动物疾病，有目的地调节其生理机能并规定作用、用途、用法、用量的物质（含饲料药物添加剂）。包括血清、菌（疫）苗、诊断液等生物制品；兽用的中药材、中成药、化学原料药及其制剂；抗生素、生化药品、放射性药品。

兽药在畜牧业中广泛应用，在降低发病率与死亡率、促生长、提高饲料利用率和改善动物产品品质方面的作用显著，已成畜牧业不可缺少的物质基础。但是非法使用违禁药物、滥用抗生素和药物添加剂、不遵守休药期规定等现象在我国也非常普遍，是我国动物源性食品中兽药残留超标，引起畜禽产品安全问题的主要原因。因此，保证动物源性食品的安全，提高我国动物食品的质量，不仅要加强对动物产品的残留监控工作，建立完善的监测体系，还应从污染来源方面，在畜禽养殖业生产的各个环节加强管理和控制，建立一整套畜禽产品和蜂产品生产的管理规范，合理使用兽药，少用或不用抗生素等药物类饲料添加剂，应用诸如酶制剂、寡糖、益生素、有机微量元素等绿色生物技术产品，逐步替代常用药物添加剂，以解决畜牧生产中的疾病的预防、生产性能提高等问题，实现畜禽产品“绿色化”，促进我国养殖业稳定、健康发展，保障我国人民身体健康，促进我国对外贸易发展。

3.农业生产标准化之二

(1)农作物生产过程的标准化控制

农作物生产包括各种农作物的种植、收获、加工等一系列的活动，对每一个环节都进行标准化控制，才能实现对农作物生产过程的控制。一般地要选择适宜的农作物品种，选用优良的农作物种子，选择地块，施足底肥，灌溉保墒，精心整地，精细播种，加强田管，适时收获，及时加工，检验检查等，每一环都严格按照标准操作，生产出合格的农产品。其中农药的使用既关系到农作物的丰收，也关系到对环境的污染和农产品的质量，是农作物生产过程中重要的控制因素，因此，必须严格执行农药使用标准。

(2)畜牧业生产过程的标准化控制

畜牧业生产过程包括畜牧产品的饲养、屠宰、加工等一系列的活动，在每一环节都必须实行标准化管理，才能实现对畜牧业生产过程的控制。一般在养殖环节要进行饲养畜禽品种的选择、饲养场所的配套、饲养方法的应用、饲料的制备、疾病的诊断与治疗等标准化操作；在屠宰加工环节，要按照国家标准或行业标准操作进行，以达到生产出合格的畜禽产品。

(3)水产业生产过程的标准化控制

水产业的生产过程包括水产品的养殖、捕捞等活动，在每一项活动中都进行标准化管理，才能实现对水产业生产过程的控制。一般在水产养殖方面要进行水产品种的选择、水产场所的选择、饲养技术的应用、饲料的制备、疾病的诊断与治疗、实施捕捞等标准化操作；在天然渔业场所的捕捞方面要取得资格证，进行科学捕捞，注意保护渔业资源和生态平衡及可持续渔业发展，完善休渔制度，加大对捕捞的管理和监督执法力度等。

(4)植物疫情控制

植物疫情是指在局部地区发生的危险性大的、能随植物及其产品传播的、经有关部门批准确定的植物检疫对象（病、虫、杂草）的形成和影响情况。

农户一旦发现植物疫情必须采取以下措施予以控制：一是立即向本地的农业、林业植物检疫管理机构报告，听从其下达的疫情控防工作安排；二是对植物检疫管理机构确定为新发现的植物检疫对象和其他危险性病、虫、杂草，必须按照植物检疫管理机构的安排，及时采取封锁、扑灭措施；三是在植物疫情还未扑灭以前，不将疫区的植物种子带出疫区，也不向疫区购买种子。

(5)动物疫病控制

动物疫病是指动物传染病和寄生虫病，控制动物疫病就是对动物疫病的防疫，包括动物疫病的预防、控制、扑灭和动物、动物产品的检疫。

控制动物疫病是防止疫病蔓延，保护养殖户经济利益的有效途径。农户如果发现动物疫病时，必须采取以下措施予以控制：一是立即向动物检疫机构报告，并听从其防疫工作安排；二是配合动物检疫部门对疫区进行封锁，及时采取隔离、扑杀、销毁、消毒、紧急免疫接种等控制、扑灭措施；三是不接触、不经营、不运输疫区内与所发生动物疫病有关的、疫区内易感染的、依法应当检疫而未经检疫或者检疫不合格的、染疫的、病死或者死因不明的、其他不符合国家有关动物防疫规定的动物、动物产品，如有接触必须作防疫消毒和其他无公害化处理或予以销毁。

(6)农产品品牌保护

农产品品牌是优良的品种、独特的生产工艺、优越的自然资源，以及渊源的历史文化等多种因素的综合体现。名牌农产品具有资源特色和科技含量高、知名度高、产品质量高、销售价格高、经济效益好等特点，对农户的经济收益高低关系很大。

树立和保护农产品品牌，是增加现代农业生产经营者收入的有效途径。主要措施有：一是要生产优质农产品，并进行深加工，以增加附加值；二是充分利用当地资源优势，对优质农产品实行规模化生产，以获取规模效益；三是积极引进和推广品质和营养价值高、经济效益好的名、优、特、稀和特用、专用良种，生产特色农产品；四是积极生产品质好、档次高、市场销售畅的农产品；五是采取标准化生产，严格按照农产品生产规程操作，确保农产品质量；六是注册商标；七是注重包装设计；八是加大宣传，提高知名度和市场份额。

(十四)"三品一标"与生产过程控制

——现代农业生产经营者立足市场的"杀手锏"

1. 农产品质量安全与"三品一标"概述

(1)农产品质量安全

农产品质量安全是指农产品品质符合保障人身健康和生命安全的要求。生物产品及其加工产品的生产、包装、储藏、运输、销售的全过程实现标准化,全过程能顺利进行,并且对人类无危险、对产品和环境无危害;生产的生物产品及不同层次的加工产品营养丰富、符合人类身体健康的需要和不断提高的物质生活要求,而且对人类无危险,对环境无危害。

(2)农产品污染的主要途径

农产品污染的主要途径有以下几种。

①化学农药污染

化学农药污染,原因是使用剧毒、高毒、高残留农药,超量使用低毒农药,无视农药使用的安全间隔期,造成在农产品上的残留物对人畜的直接毒害,在大气、水体、土壤中残留物污染环境的危害。

②化肥污染

化肥污染,原因是长期使用化肥,超量使用化肥,不正确使用化肥,造成对水质和环境的污染,在农产品中大量积累硝酸盐对人体健康造成危害。

③工业"三废"污染

工业"三废"污染,原因是工业排放的废水、废气、废渣中含有大量有害物质,污染大气、水源和土壤,甚至直接污染农产品,从而进入人体,造成对人体健康的危害。

④残留地膜污染

残留地膜污染，原因是大量使用地膜，无有效措施清除残留地膜，在土壤中大量残留地膜碎片，破坏土壤的物理结构，影响作物生长，造成作物减产，有些地膜中含有铅、镉等重金属和酞酸酯类化合物等有毒物质，影响种子和幼苗生长和农产品质量。

⑤有害微生物污染

有害微生物污染，原因是城市垃圾、医院污水和生活污水以及未腐熟的粪肥常携带各种病原微生物，污染到农产品，而造成对人体健康的危害。

(3)我国现阶段已获得成功的农产品质量安全管理模式

我国农产品质量安全管理的最薄弱环节是在生产阶段，一方面农药、兽药、化肥的品种和使用方法直接影响农产品的质量安全；另一方面千家万户的小规模农户的生产十分分散，缺乏必要的管理手段。农业产业化为我们解决上述问题提供了有效的途径。我国在生产阶段已经获得成功的农产品质量安全管理模式有以下两种。

①直属农场模式

对于容易受到污染或者出口比较敏感的食品，特别是叶菜和肉鸡等，农产品加工企业为了确保产品的安全性和供应的稳定性，投资建立自己的直属农场。农产品加工企业租赁农民的耕地，雇佣原耕地上农民，使原来农户在保留土地使用权的同时又成为领取工资的农业工人。农产品加工企业通过直接管理农场的整个生产过程、农药和兽药的使用以及质量控制，确保农产品的质量安全达到标准。目前采用这种模式的有山东省莱西市的九联集团、莱阳市的龙大食品有限公司、龙口市的复发中纪有限公司、莱西的三丰集团公司、上海的新成食品有限公司和高榕食品有限公司等。

②“农产品加工企业(农民协会)＋农户基地”生产模式

直属农场模式的不足之处在于劳动成本和管理成本过高，在操作过程中耕地不容易成片集中，除了生产容易受到农药污染或者出口比较敏感的农产品外，在我国现有的耕地制度下一般难以大面积推广。因此，更为广泛采用的是农产品加工企业(农民协会)＋农户基地的安全农产品生产模式。农产品加工企业在适合生产质量安全产品的地区，同分散的小规模农户签订合同，农产品加工企业提供农药、化肥、种子，在农产品生产过程中派遣技术人员进行指导，并以保护农民利益的价格收购产品。

这两种模式的共同点在于能够弥补我国农产品生产部门过于分散、规模小、难以采用比较先进的经营理念和技术，以及社会管理成本高等方面的缺陷。

(4)“三品一标”的内涵

“三品一标”是无公害农产品、绿色食品、有机农产品和农产品地理标志的统称。“三品一标”是政府主导的安全优质农产品公共品牌，是当前和今后一个时期农产品生产消费的主导产品，是农业发展进入新阶段的战略选择，是传统农业向现代农业转变的重要标志(图 3-2)。

图 3-2 “三品一标”图示

①无公害农产品

无公害农产品是指产地环境符合无公害农产品的生态环境质量，生产过程必须符合规定的农产品质量标准和规范，有毒有害物质残留量控制在安全质量允许范围内，安全质量指标符合《无公害农产品（食品）标准》的农、牧、渔产品（食用类，不包括深加工的食品）经专门机构认定，许可使用无公害农产品标识的产品。

②绿色食品

绿色食品是在无污染的生态环境中种植及全过程标准化生产或加工的农产品，严格控制其有毒有害物质含量，使之符合国家健康安全食品标准，并经专门机构认定，许可使用绿色食品标志的食品。

③有机食品

有机食品来自于有机农业生产体系，根据国际有机农业生产要求和相应的标准生产加工的，通过独立的有机食品认证机构认证的食品。

④农产品地理标志

农产品地理标志是指标示农产品来源于特定地域，产品品质和相关特征主要取决于自然生态环境和历史人文因素，并以地域名称冠名的特有农产品标志。

2. 无公害农产品生产

(1)无公害农产品与无公害化农业

无公害农产品是指产地环境、生产过程和产品质量符合国家有关标准和规范的要求，经认证合格获得无公害农产品认证证书并允许使用无公害农产品标识的未经加工或者初加工的食用农产品。无公害农业是以生产无公害产品为目的的农业。而无公害化农业则是在农业生产、加工、储运、销售等环节实行无公害标准化的农业。实际上，无公害农产品是都应当达到的基本要求。

(2)无公害农产品标志

无公害农产品标志图案主要由麦穗、对勾和无公害农产品字样组成，麦穗代表农产品，对勾表示合格，橙色寓意成熟和丰收，绿色象征环保和安全。

(3)发展无公害农产品生产及其基地建设

发展无公害农产品生产是解决“餐桌污染”问题，保障人民身体健康的根本途径；发展无公害农产品生产是实施农产品市场准入制度和提高农产品市场竞争力的现实要求；发展无公害农产品生产是树立农产品品牌的基本前提；发展无公害农产品生产也是推广先进农业生产技术的有效途径；发展无公害农产品生产是保护农业生态环境，促进农业可持续发展的重要措施。

建立无公害农产品生产基地是切断环境中有害物质污染农产品的首要措施。无公害农产品生产基地应选择不受污染源影响或污染物含量限制在允许范围之内，生态环境良好的农业生产区域；土壤重金属背景值偏高的地区，与土壤、水源环境有关的地方病高发区不能作为无公害农产品生产基地；无公害农产品生产基地附近没有较大的污染源，今后也不会产生新的污染；远离工厂、公路，土壤肥沃、地势平坦、排灌良好、适宜农产品生产、有利于天敌繁衍及便于销售等条件。

(4)无公害农产品生产中的主要环节

①病虫草害防治

坚持“预防为主，综合防治”的植保方针，加强植物检疫和预测预报，优先采取农业的、物理的和生物的防治措施，科学使用化学农药，协调各项防治技术，发挥综合效益，把病虫草害控制在经济允许水平以下，并保证农产品中农药残留量低于国家允许标准。加强植物检疫防止危险性有害生物随植物及其产品的人为引入和传播；加强预测预报，做到及时采取防治措施，将危害控制在萌芽状态；选用优良抗病、抗虫品种，轮作倒茬，改进栽培技术，科学灌溉、施肥和其他田间管理，减少病虫害发生和发展；利用天敌，选用生物农药进行生物防治，慎用、合理使用化学农药防治。

②合理施肥

无公害农产品生产应以施用有机肥为主，辅以其他肥料；以多元复合肥为主，单元素肥料为辅；以施基肥为主，追肥为辅。尽量限制化肥的施用，如确实需要，可以有限度有选择地使用部分化肥，必须根据农作物的需肥规律、土壤供肥情况和肥料效应，实行平衡施肥，最大程度地保持农田土壤养分平衡和土壤肥力的提高，减少肥料成分的过分流失对农产品和环境造成的污染。有机肥包括堆肥、沤肥、厩肥、沼气肥、绿肥、作物秸秆肥、饼肥、泥肥、腐殖酸类肥料，具有养肥齐全，肥效持续时间长，改善土壤的结构和理化性能等特点，但在施用时必须达到腐熟和无害化卫生标准。提倡施用生物肥料，主要包括根瘤菌肥、固氮菌肥、解磷菌肥、解钾菌肥、抗生菌肥、酵素菌肥等。化肥主要包括氮肥类（碳酸氢铵、尿素、硫酸氨等）、磷肥类（过磷酸钙、磷矿粉、钙镁磷肥等）、钾肥类（硫酸钾、氯化钾等）、复合（混）肥料（磷酸一铵、磷酸二铵、磷酸二氢钾、氮磷钾复合肥、配方肥）、微量元素肥（硫酸锌、硫酸锰、硫酸铜、硫酸亚铁、硼砂、硼酸、钼酸铵等），具有肥效高、肥效快等特点，但必须正确选用化肥，严格控制化肥的用量，尤其要控制氮素化肥的用量，采用科学施肥方法，坚持基肥与追肥相结合，控制收获前化肥的施用期，以减少硝酸盐在农产品中的积累。

③质量监控

无公害农产品生产过程中的质量监控，涉及农产品生产的整个过程，人为的农业技术措施对其干涉最为频繁。一般无公害农产品生产都制订有生产技术操作规程，生产过程的质量监控，主要从其生产操作技术规程中选择重要的、关键性的技术措施，从无公害农产品的要求出发，定量地对农产品生产过程加强管理，看是否按原制订的操作规程进行。在农产品生产的整个过程中存在若干重要的关键性操作，这些将直接或间接影响农产品的质量，无公害农产品生产过程中的质量监控，就是抓住这些关键性操作来控制农产品的质量，具体包括合理轮作、选用优良品种、种子处理、育苗、施肥、病虫草害防治等。

3. 绿色食品生产

(1)绿色食品与绿色农业的概念

绿色食品是遵循可持续发展原则，按照特定生产方式生产，经专门机构认证，许可使用绿色食品标识的无污染的安全、优质、营养类食品。

绿色农业是指以生产绿色食品为目的，在农业生产、加工、储运、销售等环节实行绿色农业标准化的农业。

绿色食品的主要特点：一是安全性，绿色食品在生产加工过程中通过严密监测、控制，防范或减少化学物质污染如农药残留、兽药残留、重金属等污染，生物性污染如真菌、细菌、病毒、寄生虫等污染，以及环境污染；二是营养性，绿色食品强调“安全＋营养”的双重保证，通过绿色食品的标准表现出来，通过绿色食品的生产营销体系予以保证；三是环保性，绿色食品注重“环境＋经济”的双重效益，绿色食品标准从发展经济与保护环境相结合的角度规范绿色食品生产者的经济行为，走可持续发展之路。

绿色食品是我国农业部门在20世纪90年代初发展的一种食品，分为A级绿色食品和AA级绿色食品，其中A级绿色食品生产中允许限量使用化学合成生产资料，AA级绿色食品则较为严格地要求在生产过程中不使用化学合成的肥料、农药、饲料添加剂、食品添加剂和其他有害于环境和健康的物质。

(2)绿色食品标志

绿色食品标志由特定的图形表示。绿色食品标志图形由三部分构成：上方的太阳、下方的叶片和蓓蕾，象征自然生态；标志图形为正圆形，意为保护、安全；颜色为绿色，象征着生命、农业、环保。AA级绿色食品标志与字体为绿色，底色为白色，A级绿色食品标志与字体为白色，底色为绿色。

(3)绿色食品应具备的条件

绿色食品应具备的条件：一是产品或产品原料产地必须符合农业部制定的绿色食品生态环境质量标准；二是农作物种植、畜禽饲养、水产养殖及食品加工必须符合农业部制定的绿色食品生产操作规程；三是产品必须符合农业部制定的绿色食品产品标准；四是产品包装、储运必须符合绿色食品包装、储运标准；五是产品生产、营销的质量必须符合绿色食品生产、营销的质量标准。

(4)绿色食品生产对生态环境条件的要求

绿色食品对生态环境条件的要求如下。

①大气环境

大气中总悬浮颗粒物（TSP）日平均≤0.30 毫克/米^3，二氧化硫（SO_2）≤0.15 毫克/米^3，氮氧化物（NOX）≤0.10 毫克/米^3，氟化物（F）≤7 微克/米^3。

②农田灌溉水质

灌溉用水的pH为5.5～8.5，总汞≤0.001 毫克/升，总镉≤0.005 毫克/升，总砷≤0.05 毫克/升，总铅≤0.1 毫克/升，六价铬≤0.1 毫克/升，氟化物≤2.0 毫克/升，粪便大肠杆菌群≤10 000个/升。

③土壤

土壤中，镉≤0.30～0.40 毫克/千克，汞≤0.25～0.40 毫克/千克，砷≤15～25 毫克/千克，铅≤50 毫克/千克，铬≤120 毫克/千克，铜≤50～60 毫克/千克等。

(5)绿色食品生产对生产技术的要求

绿色食品生产对生产技术的要求。

①肥料的施用

农家肥中的厩肥、牛粪、鸡肥、人粪尿、秸秆、生物肥等经腐熟后，可作基肥施用，绿肥如苜蓿、草木樨、沙打旺、小冠花、三叶草、田箐等草类，经过和农家肥混合沤制后施用，生产AA级绿色食品不允许使用化学合成肥料，生产A级绿色食品只允许限量使用部分化学合成肥料，如常用的尿素、硫酸钾、果树专用肥、过磷酸钙、磷酸二氢钾等，但禁用硝态氮肥，施用化肥时，必须与有机肥配合使用，有机氮与无机氮之比为1∶1。

②农药的使用

绿色食品生产要求应尽量不用或少用化学农药，严禁使用剧毒、高毒、高残留和具有致癌、致畸、致突变的化学农药，如福美胂、氟乙酰胺、DDT、六六六、三氯杀螨醇、甲胺磷、氧化乐果、久效磷、对硫磷、杀虫脒等，禁止使用植物生长调节剂，如萘乙酸、多效唑、细胞分裂素等，生产AA级绿色食品只允许使用生物农药、植物原农药、昆虫生长调节剂，如应用较的核多体病毒、白僵菌、苏云金杆菌(Bt)等。

③食品添加剂的使用

生产A级绿色食品严禁使用的食品添加剂有抗结剂(亚铁氰化钾)、抗氧化剂(4-乙基间苯二酚)、漂白剂(硫黄)、膨松剂(硫酸铝钾、硫酸铝铵)、着色剂(赤藓红、赤藓红铝色淀、新红、新红铝色淀、二氧化钛、焦糖色)、护色剂(硝酸钠、亚硝酸钠)、乳化剂(山梨醇酐单油酸酯、山梨醇酐单棕榈酸酯、山梨醇酐单月桂酸酯、聚氧乙烯山梨醇酐单油酸酯等)、面粉处理剂(过氧化苯甲酰、溴酸钾)、防腐剂(苯甲酸、苯甲酸钠、乙氧基喹、仲丁胺、桂醛、噻苯咪唑)、甜味剂(糖精钠、环乙基氨基磺酸钠:甜蜜素)。

4. 有机食品生产

(1)有机食品与有机农业

有机食品是指符合国家食品卫生标准和有机食品技术规范的要求；在原料生产和产品加工过程中不使用农药、化肥、生长激素、化学色素和防腐剂等化学物质，不使用基因工程技术；通过规定的有机食品认证机构认证并使用有机食品标识的食用农产品。

有机食品与其他食品的区别体现在如下几个方面：一是有机食品在其生产加工过程中绝对禁止使用农药、化肥、激素等人工合成物质，并且不允许使用基因工程技术，而其他食品则允许有限使用这些技术，且不禁止基因工程技术的使用。如绿色食品对基因工程和辐射技术的使用就未作规定；二是生产转型方面，从生产其他食品到有机食品需要2～3年的转换期，而生产其他食品没有转换期的要求；三是数量控制方面，有机食品的认证要求定地块、定产量，而其他食品没有如此严格的要求。

有机农业是指以生产有机食品为目的，在农业生产、加工、储运、销售等环节实行有机农业标准化的农业。有机农业的特点就是不用或者基本不用化肥、农药、生长调节剂和畜禽饲料添加剂等人工合成的化学物质。

(2)有机食品标志

有机食品标志由两个同心圆、图案以及中英文文字组成。内圆表示太阳，其中的既像青菜又像绵羊头的图案泛指自然界的动植物；外圆表示地球。整个图案采用绿色，象征着有机产品是真正无污染、符合健康要求的产品以及有机农业给人类带来了优美、清洁的生态环境。

(3)有机农业生产对生态环境条件的要求

有机农业生产对生态环境条件的要求如下。

①大气环境

大气中，总悬浮颗粒物(TSP)日平均≤0.15毫克/米^3，任何一次≤0.30毫克/米^3，飘尘日平均≤0.05毫克/米^3，任何一次≤0.15毫克/米^3，二氧化硫(SO_2)日平均≤0.05毫克/米^3，任何一次≤0.05毫克/米^3，年日平均≤0.02毫克/米^3，氮氧化物(NOX)日平均≤0.05毫克/米^3，任何一次≤0.10毫克/米^3，一氧化碳日平均≤4.00毫克/米^3，任何一次≤10.0毫克/米^3，光化学氧化物小时平均标准≤12.0毫克/米^3。

②农田灌溉水质

灌溉用水，pH为5.5～8.5，汞≤0.001毫克/升，砷≤0.05毫克/升(水田、蔬菜)，砷≤0.01毫克/升(旱田)，铅≤0.1毫克/升，镉≤0.005 毫克/升，铬(六价)≤0.1 毫克/升，氯化物≤250 毫克/升，硫酸盐≤250 毫克/升，硫化物≤1.0 毫克/升，氟化物≤2.0 毫克/升，氰化物≤0.5 毫克/升，石油类≤5.0 毫克/升，不得检出有机磷、DDT、六六六农药，大肠杆菌群≤10 000 个/升。

③土壤

土壤中，铜≤8.8～26.3 毫克/千克，铅≤1.7～38.7 毫克/千克，镉≤0.044～0.139 毫克/千克，汞≤0.25～0.40 毫克/千克，砷≤15～29.3 毫克/千克，铬≤120 毫克/千克等。

5. 地理标志农产品生产

(1)农产品地理标志的概念

农产品地理标志，是指标示农产品来源于特定地域，产品品质和相关特征主要取决于自然生态环境和历史人文因素，并以地域名称冠名的特有农产品标志。根据《农产品地理标志管理办法》规定，农业部负责全国农产品地理标志的登记工作，农业部农产品质量安全中心负责农产品地理标志登记的审查和专家评审工作。省级人民政府农业行政主管部门负责本行政区域内农产品地理标志登记申请的受理和初审工作。农业部设立的农产品地理标志登记专家评审委员会，负责专家评审。

农产品地理标志标示农产品来源于特定地域，产品品质和相关特征主要取决于自然生态环境和历史人文因素，并以地域名称冠名的特有农产品标志。此处所称的农产品是指来源于农业的初级产品，即在农业活动中获得的植物、动物、微生物及其产品。

(2)农产品地理标志公共标识

农产品地理标志实行公共标识与地域产品名称相结合的标注制度。全国可追溯的防伪加贴型农产品地理标志由农业部农产品质量安全中心统一设计、制作，农产品地理标志，使用人可以根据需要选择使用。公共标识基本图案由中华人民共和国农业部中英文字样、农产品地理标志中英文字样和麦穗、地球、日月图案等元素构成。

(3)监督管理要求

农业部颁布的《农产品地理标志管理办法》规定，“县级以上人民政府农业行政主管部门应当加强农产品地理标志监督管理工作，定期对登记的地理标志农产品的地域范围、标志使用等进行监督检查。”“登记的地理标志农产品或登记证书持有人不符合本办法第七条、第八条规定的，由农业部注销其地理标志登记证书并对外公告。”

《农产品地理标志管理办法》还规定，“地理标志农产品的生产经营者，应当建立质量控制追溯体系。农产品地理标志登记证书持有人和标志使用人，对地理标志农产品的质量和信誉负责。”“任何单位和个人不得伪造、冒用农产品地理标志和登记证书。”

四、农产品营销与加工增值

(十五)市场开发与农产品营销

——现代农业生产经营者销售产品的关键

1. 市场开发概述

(1)进行市场开发的必要性

目前,我国农业生产及农产品市场状况发生了显著变化:一是农产品的生产总量呈现出供过于求的状况,农产品市场供大于求的格局已全面形成;二是农产品的品种、质量不能完全适销对路,主要表现为低质品种多,优质品种少,普通产品多,专用产品少;伴随着我国加入 WTO 及国内农产品市场的逐步放开,国外质优价廉的农产品将进入我国国内市场。

基于上面的种种原因,农户必须自己开辟市场,以保证自己生产的农产品售得出,卖得好。

(2)农产品市场准入与市场细分

农产品市场准入是指经有资质的认证机构或权威部门认证(认定)的符合国家安全卫生标准、无公害的农产品准予上市经营与销售,对未经认证(认定)或检验不合格的农产品不准上市交易和销售。市场准入实施的原则:从与人民群众生活密切相关的农产品质量安全入手,先易后难,先大中城市,后全面展开,从蔬菜开始,逐步向瓜、果、肉、禽、蛋、奶、鱼等农产品延伸。目前,全国 30 多个省会城市和计划单列市已实行了市场准入,没有通过产地认定的农产品将不能进入市场销售。

所谓农产品市场细分，就是根据农产品总体市场中不同的消费者在需求特点、购买行为和购买习惯等方面的差异性，把农产品总体市场划分为若干个不同类型的消费者群的过程。每一个消费者群就是一个细分市场，即子市场。每一个细分市场都是由需求倾向类似的消费者构成的群体；不同细分市场的消费者对同一农产品的需求与欲望则存在明显的差别。

例如，北京的家乐福、欧尚等超市将蔬菜分为有机蔬菜、无公害蔬菜和一般蔬菜，同品种蔬菜的价格差距很大，这样可以满足不同消费者的需求。

(3)使农产品迅速走向市场的措施

①上市之前先摸底

摸清市场的购销动向、行情走势，找准销售对象，建起较稳定的直线流通渠道，产品一上市即能销售出去。若能事先订立购销合同更好。

②不赶旺季赶淡季

瓜菜、水果等产品，旺淡季价格相差很大。应该掌握这个规律，发展早熟和反季节品种，使销售的农产品错开旺季。

③多种渠道销售

除商业部门，也可找购销、贩运专业户经销，或搞“联合体”，产、供、销一条龙，平等互利，共同受益。

④利用传媒“喊”着卖

利用报刊、电视广播、网络的传播功能，推销农副产品是个捷径。策划操作得好，将收到独特的效果。

⑤选好运输方式

确定销售后，应考虑运输方式。对于一些市场急需的瓜、果、菜等农产品，远距离运输可采用航空或铁路等快捷方式，费用高一些，但实际利润往往会更高。

⑥到非种植区种植和销售

由于种植区消费者长期食用某种农产品，在种植区，该种农产品对消费者的吸引力减低，而非种植区因货少而售价较高，所以可以动员农户到非种植区种植，就地销售。

2. 农产品市场营销

(1)农产品市场营销策略

①错季节

季节性差价蕴藏着巨大商机，主要途径有三种：实行设施化种养，使农副产品提前或延后上市；通过储藏保鲜，使农副产品拉长销期；开发适应不同季节生产的农副产品新品种，实行多品种错季节上市。

②嫩和乳

近年，人们的消费习惯正发生着变化，出现了崇尚鲜嫩食品的新潮，农产品开发也必须适应新的变化趋势，适当发展一些适于鲜食的青玉米、嫩花生、青毛豆、乳鸽、仔鸡等鲜嫩农副品种，无疑会受到广大消费者青睐。

③低成本

增强农产品的市场竞争力必须依靠新品种、新技术、新工艺、新机械来降低成本，或实行农产品的规模化、集约化生产来支持价格竞争。

④高品质

人们更注重营养、品味，对农产品品质的要求也越来越高，优质优价正成为新的消费动向，优质农产品的市场前景十分看好。

⑤多品种

根据市场需求，引进、开发和推广一些名、优、稀、特新品种，以新品种来引导新需求，开拓新市场。同时按照市场需求生产适销对路的产品，以适应和满足多层次、多方位的消费需求，提高综合经济效益。

(2)农产品直销

①订单直销

订单直销是由农产品加工企业或最终用户与生产者在安排生产之前，直接签订购销合同的直销形式。

许多农产品如粮食、蔬菜、畜产品等由于市场变化大，行情不稳定，加上产销衔接不好，影响了生产效益和农民收入的提高。如果先进行市场调查，根据市场需求的订单安排生产，这样就把农产品的销售逐步推上了“订单”农业的轨道。这不仅有利于农业结构的调整，加快农业产业化进程，而且也解决了农产品的销售问题，为发展产销对接奠定了良好的基础。

②观光采摘直销

农产品观光采摘直销就是通过游客观光、采摘、垂钓等方式，直接推销自己农产品和服务的一种直销形式。观光采摘农产品价格可比市场价格高出1倍到几倍。

另外，在观光采摘直销中，可通过举办采摘活动或举行开节仪式，来吸引大批中外宾客和多家宣传媒体的到来，从而提高了本地区的知名度，对本地区农产品的销售及经济发展状况起到广告宣传作用；通过观光、采摘等活动，也能带动本地区其他产业的同步发展，促进农业产业结构的调整。

③零售直销

一些鲜活的农产品如蔬菜、水果、水产品等，生产者在田间、地头、农贸市场直接把产品出售给消费者，或直接把农产品送到客户（旅馆、饭店）手中，都属于零售直销形式。直销中，生产者和消费者都处于主动地位，不仅保证了生产者的收入和消费者的合理支出，而且也可保证农产品的鲜活性，损耗少。当然，这种销售方式要求生产者具备一定的销售能力和承担市场风险的能力。

(3)农产品间接销售

农产品间接销售，指连接农产品生产者与消费者的中间商，即取得产品所有权或帮助转移农产品所有权的企业或个人。具体包括：分销渠道的代理商和分销商；是否具有经营权来区分的独立的中间经营供应商或代理商；或根据是消费市场还是产业市场区分为前者批发商、零售商，后者销售代理商或批发代理商。

农产品间接销售是将生产者与消费者连接的纽带。其表现形式主要有：

①农产品代理商

代理指代理人以自己或被代理人的名义，代理被代理人与第三人实施民事法律行为。农产品代理商则只负责争取顾客或代表买卖方进行农产品交易，且不拥有农产品所有权的中间商。按不同标准代理有不同分类，如，独家代理与多家代理，总代理与分代理，佣金代理与买断代理。

②农产品经销商

农产品经销商是指农产品生产者指定特定公司为其农产品交易的中间商，双方签订合同，农产品生产者提供的农产品由中间商进行销售。农产品经销商与农产品生产者的关系是法律上的买卖关系，农产品经销商依据合同约定的权力进行营销活动，并以农产品生产者的名义销售农产品及提供服务，所以农产品经销商与农产品生产者是法律上的买卖关系。

③农村经纪人

农村经纪人是活跃在农村经济领域，以收取佣金为目的，为促成他人交易而从事农产品产加销中介服务的公民、法人和其他经济组织。目前，全国有约 61 万人了解信息、懂市场的农村经纪人，年经纪业务量达 1 707 余亿元，经纪活动基本覆盖了包括粮食、棉花、油料、蔬菜、水果、苗木、牲畜、水产、家禽以及药材、茶叶、香菇、木耳等土特产品在内的所有农产品。农村经纪人部分解决了农产品流通慢、农民增产不增收的难题。农村经纪人在保证农民增收的同时，还有效地促进农业生产结构的调整、农村农产品产业化的形成和农村富余劳动力的就业。我国农村经纪人一般采用“企业加经纪人加农户”的模式从事经纪。一般情况下，一个经纪人联系并引导着若干个农户的生产活动，少的几户，多的达百户、千户。

(4)农产品品牌营销必须把握好的五大要素

在买方市场条件下的农产品竞争实质是品牌竞争，有品牌的农产品不仅受到消费者的信赖，而且能卖上好价格。农产品品牌营销必须把握好五大要素。

①农产品的商标

商标是农产品的身份证，是农产品创品牌的首要因素。

②农产品的标准

要形成批量生产的农产品，必须有农产品的标准。标准化生产是创品牌的前提。农产品的品质因农业生产地区，生产过程中技术操作规程，产前、产后技术操作规程的不同而相异。高质量的农产品通常不但具有产中的农业技术标准，还具有产前、产后的农业技术标准，实行系列化的标准化生产。

③农产品的质量监测

农产品要创出名牌，先得有过硬的质量，必须经过权威检测部门和技术监督部门检测合格，才能进入市场。因此，农产品生产者和有关部门应加强对农业生产资料、生产过程、生态环境等的质量监测工作，对农产品产前、产中、产后各环节进行有效的质量监督，方可不断拉近与名牌的距离。

④农产品的资源特色和科技含量

名牌农产品应是优良的品种、独特的生产工艺、优越的自然资源，甚至是渊远的历史文化的综合体现。在推进农产品品牌化和农业产业化的进程中，一些地方的名牌农产品应运而生。

⑤要采取有力措施，依法保护名牌农产品

在市场经济中，品牌与市场主体的生存、发展紧密联系。市场对国内品牌农产品的冲击主要来自两个方面：一是假冒伪劣农产品的冲击；二是自砸牌子的行为。目前，来自第一种冲击的风险非常大。这就要求国家有关部门积极培育优良的市场竞争环境，打击假冒伪劣农产品，为品牌农产品保驾护航。

3. 农产品网络营销

(1)农产品网络营销的概念

农产品网络营销，又称为“鼠标＋大白菜”营销，是农产品营销的新型模式。它主要是利用互联网开展农产品的销售活动，包括网上农产品市场调查、促销、交易洽谈、付款结算等活动。

市场经济条件下，农产品营销管理必须有效地运用现代信息技术和手段，才能在瞬息万变的市场中敏锐地捕捉到消费者的需求信息，以恰当的方式为消费者提供合适的农产品，在满足农产品消费者需求的同时实现自身的发展。

当前，农产品流通不畅已成为阻碍我国农业和农村经济健康发展、影响农民增收乃至农村稳定的重要因素。农产品卖难，其实质问题是小农户与大市场不相适应的矛盾。由于农产品市场信息不灵、农村市场商品流通体系不健全导致农产品的结构性、季节性、区域性过剩。发展农产品网络营销，将对农产品的生产和流通产生巨大的影响。

(2)农产品网络营销的意义

①农产品网络营销是实现农产品现代营销观念更新的一种有效形式

现代市场营销观念是以营销者更好地满足目标顾客的需要和欲望为出发点的。农产品营销管理者采用网上营销，搜集、编辑、整理和分析其顾客的数据资料，就可以目标化的互动传输方式为客户提供个性化的产品与服务。

②农产品网络营销有助于农产品营销者发现新的市场

农产品营销者可要求用户在访问时输入个人的有关特征资料，可了解到用户的需要和欲望，发现新机会，赢得新效益。

③农产品网络营销有利于加强与外界的联系

互联网有利于加强与外界的联系，加快农产品营销的速度，可降低成本，增加经济效益，提高效率。

④农产品网络营销有利于加深生产经营者与客户的互动交流

互联网能加深生产经营者和顾客的互动关系，为其开发稳定长久的客户资源打下良好的基础。生产经营者可以根据用户的需求进行生产。一改以前只埋头生产，换之为先从网上了解客户未来的采购信息，在相互沟通的基础上按订单生产。从而减少了生产的盲目性，也为农户开发出了稳定的客户群。

⑤农产品网络营销便于调查分析市场和制定生产经营计划

利用互联网农民可以通过网上调查分析市场需求，决定生产方向。网络能够及时地将信息传送到世界的每一个角落，农户通过互联网能及时了解世界各地的市场信息和营销情况，来制定种植、生产加工、销售等计划。

(3)农产品营销网站的建设

在发达国家，计算机和因特网就如同拖拉机和气象报告一样重要。目前美国约2/3的农民人均拥有一台计算机，因农业需要上网的时间每周平均两小时。农民上网主要是获得农产品价格、气象、农业机构和化肥农药等方面的市场信息。从20世纪90年代末期以来，互联网在中国获得了巨大的发展，到2004年6月底，我国上网用户总数为8 700万户，上网计算机达到3 630万台。

实际上，我国农业信息网络建设始于20世纪80年代中期，1986年组建了农业部信息中心。1995年农业部建立了“中国农业信息网”，并通过DDN方式接入国际互联网。农业部信息中心创建的“中国农业信息网”，现初具规模，已与30个省、市、区的农业部门，近百个市、县，200多个农副产品批发市场实现了联网，直接和网络联系各地生产和管理用户已超过3 000家。据农业部2001年下半年对全国农业网站进行的普查显示，截止到2000年年底，收录到国内涉农网站2 200家，正常运营的1 600多家，占70%。在信息网络向基层延伸方面，北京、上海、安徽、黑龙江、江苏、浙江、天津等地工作进展很快，经济欠发达的贵州省2001年也延伸到了31个县和200多个乡镇。

吉林省于2001年开通了全国首家农产品电子商务网“吉林金穗网”。2001年9月由农业部信息中心、深圳市农产品股份有限公司等单位组建的“中农网”正式运行，2002年网上农产品交易额超过5亿元。

(十六)农产品储藏加工与农业产业化经营

——现代农业生产经营者赚取增值利润的重要途径

1. 农产品储藏

(1)农产品储藏的必要性

①满足消费者的需求

由于农业生产的季节性较强,在收获时节,应季农产品会集中向市场供应,造成短时期的这些农产品的供过于求;而在其他时间,又可能出现这些农产品的供不应求。通过储藏农产品,可以有效地调整各时期农产品的供应量,更好地满足消费者的需求。

②促进农民收入水平的提高

处于收获时节的农产品,由于该种农产品供应量大,市场价格自然就会很低,有时甚至低于农产品的生产成本。而在非收获时节,由于市场上该种农产品的供应量相对较少,会卖上个好价钱。所以,通过农产品储藏,可有效地提高农民的收入水平。

(2)粮食储藏生态防虫方法

①苦楝叶加野菊花防虫法

取苦楝叶洗净晒干,粉碎后按95%比例掺入5%的野菊花备用;然后按每500千克粮食用药200克,分层撒在粮食堆中,最后在最上层适当多撒一些,即可保持粮食不受虫害。

②杨树叶加山茶子防虫法

取新鲜杨树叶和山茶子叶覆盖于粮食表层,然后再用三层报纸把容器口封好,密闭3～4天,即可杀死粮食中的虫卵。

③苍子加生姜粉防虫法

将干山苍子粉碎后加生姜粉等量混匀,用纱布包好,每包200克,在每500千克粮食中埋药4包,防虫效果十分显著。

④螃蟹壳加生姜片防虫法

将收集的螃蟹壳洗净晒干，加干生姜片适量，均匀混入粮食中贮存，既无腥味，又能收到较好的驱虫和杀虫效果。

⑤海带防虫法

将晒干的海带按1∶100的比例混放于粮食中，1周后海带可吸收粮食中的部分水分，并可杀灭粉螨及蛾类害虫，同时还可杀灭各种霉菌。海带取出晒干后还可重复利用，且不影响其食用价值。

⑥松柴木防虫法

取含有松脂较多的松柴木，将其劈成手指大小的小段块，均匀地埋入粮食中，然后密封贮存，可有效地防虫蛀。

⑦菖蒲艾草防虫法

取新鲜菖蒲和艾草，洗净晒干，每500千克粮食中分别按上、中、下铺放三层即可达到驱虫、杀虫的效果。

⑧臭椿树叶防虫法

取新鲜的臭椿树叶洗净，晒干切碎，按每500千克粮食拌树叶2.5千克，密封保存，可不受虫害。粮食出仓时，必须筛去碎树叶，方可加工食用。

⑨“三粉”合剂防虫法

取陈皮粉、八角粉、红辣椒粉各等量混合后，用纱布包好，每包重100克，按每500千克粮食均匀投放5包，密封贮存，驱、杀害虫效果好。

⑩“四粉”合剂防虫法

取花椒粉、茴香粉、生姜粉、大蒜粉各等量混合后，用纱布包扎好，每包100克，在每500千克粮食中均匀埋入5包，即可达到驱虫、防蛀作用。

(3)果蔬储藏

①选好储藏种类

有些种类极不耐储藏，经短期储藏或异地调运就可能获得利润，不必长时间储藏，不然会适得其反。如黄瓜、豆角、茄子、西葫芦等。而有的品种不能通过设施栽培实现常年供应，一年只能收获一季，采收时间很短，这些果蔬长期储藏可增加收入。

②注意品种选择

储藏前，首先，要了解品种的耐藏性，一般而言，晚熟品种较早熟品种耐藏，昼夜温差大的地区栽培的果蔬耐藏，栽培在高海拔地区的果蔬耐藏。其次，储藏品种应根据市场而定，什么品种受欢迎、卖得快，就储藏什么。再次，还应注意不同口味品种搭配，以满足不同的消费群体。

③不同果蔬分类储

某些果蔬所要求的条件相同，相互之间又无不利影响，可以同库储藏。有些果蔬所要求的储藏温度相同，但由于一种果蔬挥发的气体对另一种果蔬有不利影响，则不应同库储藏，如猕猴桃对乙烯特别敏感，所以在储藏中不宜与苹果、梨等同库储藏。有些果蔬要求较高的相对湿度（如苹果、梨等），而有些则要求较低的相对湿度（如板栗、核桃等），所以储藏时要注意分类。

④配合使用保鲜剂

影响果蔬储藏的因素有温度、湿度和气体成分等，在适宜的储藏温度条件下，配合使用保鲜剂、保鲜袋，会取得很好的保鲜效果。

⑤注重采前管理

果蔬储藏要做好采前管理，如，采收前 15 天停止浇水；在病虫害防治上要注意使用高效低毒或无毒的杀虫、杀菌剂。另外，采前喷洒过催红素、无核剂、膨大剂等激素类药物的果蔬不宜用于储藏。

(4)控制果蔬失水的常用方法

新鲜果蔬的含水量可达 65%～96%，失水会引起产品失鲜，也使产品的重量减少，造成直接经济损失。控制果蔬采后失水的方法主要以下有几种。

①包装、打蜡或涂膜

用塑料薄膜或其他防水材料将产品罩起来，也可以将产品装在袋子、箱子或纸盒中。聚乙烯薄膜是较好的防水材料。

②增加空气湿度

可用自动加湿器向库内喷迷雾或蒸汽，也可以在地面洒水或在库内挂湿草帘，或者适当提高蒸发器冷凝管的湿度，使其维持在低于储藏温度2～3℃的范围内。

③适当通风

通风时要尽量降低风速，0.3～3米/秒的风速对产品水分蒸发的影响不大。

④使用夹层冷库

夹层冷库的库体由两层墙壁组成，中间是冷空气循环，蒸发器不在库内，库内的湿度很高，可防止产品失水。

⑤使用微风库

微风库的冷风是经过库顶上的多个孔送入库内或使冷空气先经过加湿再送到库中，可以有效地防止失水。

(5)预防果蔬冷害的措施

低温是保存水果和蔬菜的最好方法，但是不同的产品起源不同，对低温的要求也不一样，如果使用了不适当的低温储藏果蔬，就会导致其发生冷害，造成严重的经济损失。预防果蔬冷害的措施：

①适温下储藏

防止冷害的最好方法是掌握果蔬的冷害临界温度，不要将果蔬置于临界温度以下的环境中。

②温度调节和温度锻炼

有些果蔬在临界温度以下经过短时间的锻炼，然后置于较高的储藏温度中，可以防止或减轻冷害。

③间歇升温

在果蔬储藏过程中用一次或多次短期升温处理来中断其冷害的方法。

④变温处理

储藏过程中，根据某类果蔬的生物特性，而使用不同的储藏温度。

⑤气调储藏

降低储藏环境中氧气的浓度，提高二氧化碳浓度的储藏方法。

⑥湿度的调节

100%的相对湿度可以减轻冷害症状，相对湿度过低却会加重冷害症状。用塑料袋包装可以减轻冷害症状。

⑦化学处理

有些化学物质可以增加果蔬对冷害的忍受力，有效地减轻冷害。如储藏前用氯化钙处理，可以减轻番茄、苹果等冷害。

(6)果蔬预冷的形式

果蔬预冷的目的就是在采收后到储藏前，使用人为的方法将果蔬体温尽快冷却到规定的温度范围之内，以降低呼吸强度，保持原有品质。果蔬预冷的形式如下。

①风冷

果蔬采收后首先送入常规冷库的高温库区，并尽快以机械吹冷风循环的方式实现冷却，然后再安排分级、包装等程序。

②冰冷

将新采摘的果蔬和一定量的冰块置于同一密封间，冰升华和溶化所吸收的热量能够使区间温度降低，从而实现对果蔬的冷却。

③水冷(湿冷)

用高湿冷空气冷却果蔬，它适合于多数果蔬预冷保鲜的要求。

④真空冷却

在减压的条件下，使果蔬表面的部分水分迅速蒸发，由于水的蒸发过程吸热而实现果蔬冷却的目的。

(7)现代果蔬保鲜方法

随着高科技在食品领域的不断开发利用，各种果蔬的储藏保鲜技术也不断地被研制开发出来。

①冷温高湿储藏法

日本农林省果树试验所研究出的水果冷温高湿储藏保鲜法，能较大幅度地延长水果的保鲜时间，而且不会给水果造成不良影响。其做法是：把冷库的温度调到0～1℃，湿度调到95%，并注入负离子和臭氧的混合气体。它的益处在于，有些水果不能承受低温，但高湿度可解决这一难题，低浓度臭氧不能杀菌，但加上负离子后杀菌能力有了明显提高。同以往的水果保鲜法相比，桃子、葡萄和梨的保鲜时间可延长5倍；柑橘摘下后保鲜5个月后仍能食用。

②可食性果蔬保鲜剂

英国一家食品公司制成一种可食用的水果保鲜剂，它是由糖、淀粉、脂肪酸和聚醋物调配成的半透明乳液，可采用喷雾、涂刷或浸渍等方法覆盖于苹果、柑橘、西瓜、香蕉等水果蔬菜表面，保鲜期可达200天以上。由于这种保鲜剂在水果表面形成一层密封膜，故能防止氧气进入水果内部，从而延长了水果熟化过程，起到了保鲜作用，此种保鲜剂还可以同水果一起食用。

③高温处理保鲜法

英国发明了各种鳞茎蔬菜的高温储藏技术。该技术利用高温对鳞茎类蔬菜发芽的抑制作用，把储藏室温度控制在23℃，相对湿度维持在75%，这样就可达到长期储藏保鲜的目的。

④新型塑料保鲜膜

日本研制成功一种一次性新型塑料保鲜膜。它由两层透水性极好的尼龙半透明膜组成，两层之间装有渗透压高的砂糖糖浆。用这种塑料膜来包装果蔬，能缓慢地吸收从果蔬表面渗出的水分，从而达到保鲜的目的。

⑤减压处理保鲜法

储藏室的低压是靠真空泵抽出室内空气而产生的，低气压控制在100毫米汞柱以下，最低为8毫米汞柱（1毫米汞柱≈133帕斯卡）。空气中的相对湿度是通过设在室内的增湿器来控制的，一般在90%以上。使用这种方法在抽气时减少了室内氧气含量，使果蔬的呼吸维持在最低水平，同时还排出了室内一部分二氧化碳和乙烯气体，因此，有利于果蔬长期储藏。

⑥可食性果蔬覆盖膜

美国一家食品公司新近研制出一种能使切开的水果和蔬菜保持新鲜的方法。它是利用干酪和从植物油中提取的乙酰单酸甘油酯制成的一种特殊的覆盖膜，将这种透明、可食、没有薄膜气味的薄片粘贴在切开的瓜果蔬菜表面，可防止果蔬脱水、变黑以及微生物的侵入。

⑦果蔬保鲜包装箱

日本有家公司生产了一种水果保鲜包装箱，它是在瓦楞纸箱的瓦楞纸衬上加一层聚乙烯膜，然后再涂上一层含有微量水果消毒剂的防水蜡涂层，以防止水果水分蒸发并抑制呼吸，达到保鲜目的，可以使保鲜期长达 1 个月。

(8)种子冬季安全储藏

作物种子从收获到再播种，要经过一段较长的储藏时间。在储藏期间，即使种子已处于休眠状态，也绝不会停止其生命活动，因此，为保证作物种子安全储藏，必须注意如下几点。

①注意含水量高的种子不能入库

在严寒低温的情况下，含水量高的作物种子最容易受冻害，最后丧失生活力。因此，在寒冬到来之前，一定要把作物种子的含水量降低到安全水分的标准。

②注意提高种子的质量

在入库前，必须通过风选、筛选或人工挑选，除净种子中的夹杂物，保证种子的质量。

③入库前要注意做好清仓消毒

在种子入库前，要对仓库进行彻底的清理，把杂物和灰尘扫除干净，同时还要堵塞鼠洞或投放鼠药，有条件的农户最好用农药把仓库喷洒或熏蒸一次，把仓虫消灭净，尽可能地减少不良环境对种子的影响，使种子长期处在低温、干燥、密闭的条件下。

④注意不要造成品种间的相互混杂

入库前，对不同品种、不同等级的种子要标上品种名称、数量、等级、含水量、生产单位和入库时间。把种子和商品粮袋分开堆放，以防相互混杂，影响种子纯度。

⑤注意不要用塑料袋装种子

如果种子装在塑料袋里，就会妨碍种子的正常呼吸，使种子停止了生命活动，因而就丧失了发芽能力。同时，种子含水量大时，水分散发不出去，这样还容易造成种子的伤热、霉烂变质。

⑥要注意防潮

种子入库后，要避免将种子直接放在潮湿的地面上，要把装有种子的麻袋或容器用木料或砖垫离地面 50 厘米以上，这样有利于通风，防止受潮。

⑦注意不要和农药、化肥同库存放

许多农药和化肥都具有一定程度的挥发性和腐蚀性，对种子的细胞和胚都有腐蚀作用。

⑧储藏期间注意防烟熏和热汽蒸

种子烟熏和热汽蒸会使种子霉烂变质，降低发芽率和发芽势，引起弱苗和易发生病虫害。

⑨注意不要轻易地变换种子的存放地点

种子对外界温度的适应性有一定的限度，如果温度过低，有冻破种子胚部生殖细胞的可能性，而温度过高时，又容易引起种子的热伤、霉烂变质，失去发芽能力。因此，在种子入库后，一般不要轻易变换存放的地点。

⑩种子储藏期间要注意勤检查

要根据不同的季节，对种子的保管方法、含水量、温度、湿度、发芽率情况进行定期检查，主要应注意检查三个方面：一是检查种子是否受潮湿，以防发生伤热和霉烂变质；二是检查种子是否被虫蛀、鼠咬；三是检查种子的发芽率和发芽势变化情况，尤其是在播种之前，一定要进行一次种子发芽实验，发现问题，及时解决，以防由于种子发芽率过低而造成减产。

2. 农产品加工

(1)农产品加工的概念及其必要性

农产品加工是以人工生产的农业物料和野生动植物资源为原料所进行的工业生产活动。

通过对农产品加工，能实现农产品增值，可增加农民收入。我国农产品加工有着巨大潜力。目前，发达国家农业产品加工值为农业总产值的2～4倍，而我国农产品加工值只有农业总产值的40%。如我国稻谷的生产是世界第一，大米精加工率却只有12%；肉类的总产占世界的1/4，加工能力只有4%，国外一般都是30%以上；水果的总产是世界首位，加工能力却只有7%；苹果总产是世界第一，但是加工率只有6%，而世界平均加工率为22%。

(2)农产品加工业的分类

国际上通常将农产品加工业划分为五类，即食品、饮料和烟草加工；纺织、服装和皮革工业；木材和木材产品包括家具制造；纸张和纸产品加工、印刷和出版；橡胶产品加工。

我国在统计上与农产品加工业有关的是十二个行业，即食品加工业、食品制造业、饮料制造业、烟草加工业、纺织业、服装及其他纤维制品制造业、皮革毛皮羽绒及其制品业、木材加工及竹藤棕草制品业、家具制造业、造纸及纸制品业、印刷业记录媒介的复制和橡胶制品业。

(3)对农产品加工设备的要求

用于储藏鲜农产品的设备应经过清洁，必要时应进行消毒。及时检查这些设备，以确定是否有啮齿动物、鸟类或其他昆虫的活动。

在远离田地之前应尽可能地去除粘附在农产品上的泥土和泥浆，以确保在田地里清洗、冷却或包装的农产品免受污染。当在地里包装农产品时，应格外小心防止容器或盘子暴露于土壤和肥料中而受到污染。用于运输新鲜农产品的托盘、容器和盘子使用前必须清洗。操作者可以在接收场地留出一块场所以清洗装运新鲜果蔬的托盘和容器。装运即食鲜果蔬的容器必须经清洗和消毒。

田地设备,如,收割机、刀具、容器、台子、篮子、包装物料、刷子和桶等,都能传播病原微生物给农产品,操作者应考虑适当使用收割和包装设备,并尽可能地保持清洁,用于拖运垃圾、肥料或其他碎片的设备,未经清洗、消毒之前不能接触拖运农产品的容器或货盘,或直接用于拖运鲜农产品。保持收割容器清洁以防止农产品的交叉污染,重复使用的采收容器在采收期间,每装卸一次后及再次使用前必须经过清洗,如果容器堆放在室外,每次装运农产品之前必须经过清洗和消毒,应指派专人负责设备的管理,被指派的人员应了解每天设备如何被使用,确保设备性能良好,并能采取措施确保设备所需的清洁和卫生。

(4)对农产品及其加工品包装的要求

在储存中防止未使用的、干净的、新的包装容器的污染。没有立即使用的包装容器和包装物应存放好,以防止有害生物、泥土、设备和建筑物顶部冷凝水的污染。如果包装容器存放于室外,在使用前应清洗和消毒。包装和储存设施应保持清洁状态。

用于摆列、分级和包装鲜农产品的设备必须用易于清洗的材料和工艺制成。设备的设计、建造、使用和一般清洁能降低产品交叉污染的风险。操作者应考虑以下的操作:尽可能地保持与农产品接触的设备或机械的清洁,所有与农产品接触的储存、分级和包装设备可能是传播微生物污染的媒介,每天清除加工设备的泥泞和碎片,如,刀具、锯、刀片、靴子、手套、工作服和围裙等设备必须定期清洗、检查,需要时及时更换。清洁和消毒清洗、分级、储存和包装线对于降低新鲜农产品的潜在微生物是必需的。维护冷却系统以保证设备的功能,每天检查所有冷却设备,清除所有的碎片,必要时在使用期间清洗。

3. 农业产业化经营

(1)农业产业化经营的概念、类型与特征

农业产业化是在社会主义市场经济条件下，建立在农村家庭联产承包、双层经营的基础上，以国内外市场为导向，以追求经济效益最大化为目的，以产加销一体经营为组织原则，通过合同、契约将一二三产业融为一体，把农业的产前、产中、产后连接起来，形成风险共担、利益共享的经济共同体。通过一体化运行机制，运用现代科学技术，优化组合生产要素，合理配置资源，实现规模经营，形成生产专业化、经营一体化、管理企业化、服务社会化、产品商品化，为农户和农产品进入市场架起了桥梁。

农业产业化的基本类型主要有：市场连接型、龙头企业带动型、农科教结合型、专业协会带动型。

农业产业化的基本特征：面向国内外大市场；立足本地优势；依靠科技的进步；形成规模经营；实行专业化分工；贸工农、产供销密切配合；充分发挥“龙头”企业开拓市场、引导生产深化加工、配套服务功能的作用；采取现代企业的管理方式。

(2)实施农业产业化经营需要具备的条件

实施农业产业化经营需要具备以下条件。

a. 一定要有剩余农产品。

b. 当地农民有共同致富的要求，干部和群众乐意接受先行者们的成功经验并加以效法。

c. 当地或邻近地方已建有农产品加工或流通企业。

d. 已建有某种农民组织，如农民专业技术协会、专业合作社等。其中前两条是基本条件，后两条是充分条件。

(3)农业产业化的利益机制

利益分配机制是农业产业化系统中最核心的问题。在农业产业化系统内建立“风险共担，利益共享”的调节保障制度，形成经济共同体，是产业化最基本的利益机制。否则农业产业化经营就建

立不起来，维持不下去。

农业产业化利益机制包括：利益创造和利益分配。农业产业化的产前、产中、产后各部门都是创造利益的直接主体，各部门都应采用先进的生产技术和管理经验，提高生产水平及农产品的科技含量，增加附加值，创造更多的利润。利益分配是利益机制的关键，关系到农业产业化各部门的协作运行。

农业产业化的利益机制必须通过分配方式来实现。由于发展模式不同，目前在龙头组织与基地和农户之间形成的利益分配方式主要有以下几种类型。

①确定保护价格

龙头组织为确保自身的原料供应和农产品生产者能获得比较合理的收益，根据市场行情制订的最低保护价格，并以合同形式固定下来。

②利润返还

龙头组织向农户返还部分加工、流通过程中增值的利润，即二次分配。

③预付定金

龙头企业向农产品生产者预付一部分定金，以期提前得到原料产品的获取权，更好地安排生产计划。

④免费扶持

龙头企业为农民提供免费的技术、信息咨询、培训等服务。

⑤股份合作

龙头企业运用股份合作机制，吸收广大农户以资金、土地使用权、生产资料等入股，形成紧密的利益联结体。

⑥返租倒包

返租倒包是指某一农村集体以一定数量的租金从农户手中将土地使用权返租回来，通过土地治理和基础设施改造，或是某种良种或技术的应用，再倒包给原承包农户或其他农户和单位。它具有明显的产业化带动和科技推广示范作用。

(4)龙头企业及其在农业产业化经营中的重大作用

所谓龙头，是指产业化链条上与市场衔接最紧密、起主导作用的一个重要环节，它内联千家万户，外联国内外市场，具有开拓市场、引导生产、加工增值、提供服务的综合部门。它可以是一个加工企业，可以是一个流通组织，也可以是一个专业协会或者生产合作社。

农业产业化经营是推动农业现代化的重要途径。要搞好农业产业化，发展龙头企业是关键。龙头企业不同于一般的工商企业，它肩负有开拓市场、创新科技、带动农户和促进区域经济发展的重任。

龙头企业在农业产业化经营中有以下重大作用。

a. 龙头企业是根据市场需要配置资源，引导生产要素合理流动的枢纽。

b. 龙头企业是提高农民组织化程度的桥梁和纽带。

c. 龙头企业是农副产品开拓和占领市场的依托。

d. 龙头企业是推进农业科技革命、转变农业增长方式的“火车头”。

e. 龙头企业是增加农民收入、发展农村经济新的增长点。

(5)农业产业化经营的常见模式

①“公司＋农户”的模式

“公司＋农户”最基本的含义是，从事农副产品加工与流通的企业(公司)与农户建立一定的经济契约关系，开展一体化经营。主要经济内容包括，公司在产前向农户提供优良品种和生产技术，提供产中过程的生产和技术服务，公司以具有保护性质的价格收购农户产品，进行系列加工，然后销往国内外市场；农户则按公司的技术要求进行生产，把大部分产品卖给公司，并分享农产品增值的利润。“公司＋农户”产业化经营模式的意义主要体现在：

a. 在不改变农户家庭经营的前提下，通过专业化生产、区域化布局和社会化服务，使分散农户凝聚成为公司的农副产品生产基地，改善了农业的组织管理和规模效益；

b. 由于提高了农产品的科技含量、开展农产品的深度加工和跨区域销售，节省了分散农户走向市场的交易费用，极大地增加了农产品的价值；

c. 公司以保护价收购农户的产品，或承诺农户分享农产品增值的部分利润，使原来割裂的农业产前、产中和产后环节被连为一体，形成了利益共同体。由此，从根本上改变了农业只提供初级产品、比较利益低下的传统角色，农业走上了现代产业之路。

②“公司＋基地＋农户”模式

此种模式在公司与农户签订的契约中变革了“公司＋农户”形式下规定协议价格的做法，一般只签订了最低保护价格：在规定的收购时限内，如市场整体价格低于保护价格，则按保护价格收购；如市场价格高于保护价格，则按市场整体价格进行收购，有力的保护了农民利益。这其中，基地可以是当地的农业局、农技站、农民合作组织、农场等。在“公司＋基地＋农户”模式中，农户生产农副产品，公司加工和销售农副产品，基地充当中介，为农户提供某些服务（技术服务、物资采购、产中的日常管理或标准化的生产规程）。在运作上，公司根据市场需要对价格进行预测，通过签订契约与基地约定本年度生产数量、品种及主要品质和技术指标。公司不仅与农户，且与基地也签订了协议。在生产过程中，有的基地还为农户提供购买生产资料的服务。而生产过程中所需的技术服务，一般是公司的技术人员在产前、产中、产后对农户进行技术培训。农副产品成熟后，由基地根据公司与农户签订的种植收购合同进行检验、收购，最后由公司进行最终加工和销售。

③“龙头企业＋合作组织＋农户”模式

“龙头企业＋合作组织＋农户”，由龙头企业直接兴办农村合作经济组织，或者龙头企业与农村合作经济组织合作，农村合作经济组织再与农户合作。如桂林莱茵公司、桂林力源公司、广西石乳茶业公司等均牵头成立了农民协会，企业在资金、技术和产品销售方面为协会提供支持。广西容县鸿大公司牵头成立6个养殖协会，公司与协会签订保价回收合同，协会再与农民签订保价收购合同，带动农户近1万户。

④“农产品行业协会＋龙头企业＋合作组织＋农户”模式

“协会＋公司＋农户”，这里的协会主要是带行业性质的协会，由协会把农产品加工、包装等企业和农民组织起来，以农户经营为基础，以企业为依托，实施产业化经营。如广西横县花茶协会，全县110多个花茶加工企业都是它的会员，同时，协会以村屯为单位，巩固发展有机茶、有机花、优质花基地，会员全部按统一标准生产经营，有效发挥了行业自律作用。

⑤“超市＋农产品加工企业＋农户”模式

我国的超市具备经营质量安全农产品的客观条件：连锁超市是建立在现代化经营理念上，拥有先进的物流、销售设备和技术的大型零售企业；超市拥有可靠的标识系统，使得企业可以掌握每一件产品的流向，消费者能够通过查询获得质量安全农产品的整个生产和流通过程的全部信息；外部竞争环境促使超市经营质量安全的农产品。

但超市面临的问题是通过什么途径来获得价廉质优的质量安全的农产品。而有能力生产质量安全的加工企业也在寻找零售市场。

事实上，超市与农产品加工企业在很多方面可以互补：超市为了确保货架有稳定的品种和数量供应，需要长期和均衡的供应源，同农户签订了采购合同的农产品加工企业，也离不开长期和稳定的需求市场；超市需要通过大批量采购来降低采购成本，农产品加工企业需要通过大批量的销售来降低销售成本；超市为了确保质量安全农产品有可靠的来源，需要供货方能够按照合同标准进行农产品生产，并可以对产品来源和生产投入物进行溯源，农产品供应商可以通过对合同农户的有效管理，控制关键的生产资料来生产质量安全的农产品，并可以提供相关的产品安全信息；超市需要减少中间流通环节，降低流通成本，减少农产品在流通过程中被混杂和污染的可能性，农产品供应商也需要将产品直接送入零售领域，减少流通和交易成本。

这种模式可以对农产品整个供应链进行以超市为龙头的一体化管理。这种农业产业化由于直接进入零售市场，采用电脑的单品管理系统，使得产业化内部能够更加精确地掌握市场需求信息，通过工厂化管理模式把产品的生产计划，包括品种和数量的细分计划，通过农产品加工企业分配到所有的农户，从而使得农户可以避免由于市场需求的波动而遭受经济损失。更重要的是这种产业化模式为供应质量安全的农产品创造了客观条件。

实践中，已经有很多超市同农产品加工企业建立紧密的合作关系，通过农产品加工企业带动分散小规模农户生产质量安全的农产品。如家乐福超市在北京和天津地区的 3 家蔬菜供应商都属于农业部的“农业产业龙头企业”。

(6)农民专业合作经济组织在农业产业化经营中的功能

农民群众在增产增收的强大利益驱动下，自发建立各种专业合作社作为组织载体，开展产业化经营，如销售合作社、专业技术协会等。此外，我国农村以乡村行政区域为基础建立的社区型合作经济组织也是实施农业产业化经营重要的组织资源。

在产业化经营的过程中，农民专业合作社和社区合作经济组织主要履行以下功能。

①服务功能

服务功能是指发展农村社会化服务体系，向农户提供产前、产中和产后的服务。

②中介功能

中介功能是指代表分散农户与农产品加工和流通企业对话，既转达企业对分散农户的意见，更捍卫农户的利益。它节省了公司与农户之间分散交易的成本，增强了农户的谈判力量。这样，“公司＋农户”的模式发展为“公司＋合作社＋农户”。

③实体功能

实体功能是指合作社从单纯的服务和中介转向组织农户生产，即向产前和产后延伸，兴办经济实体，开展农产品的加工和营销，逐渐把自身演变为产业一体化的"龙头企业"。相对来说，由于农村社区的文化传统和亲缘地缘关系，农民合作社会把满足成员的利益作为主要的目标，较易与农户形成风险共担利益共享的利益分配机制。

参考文献

1. 马俊哲，张耀川. 现代农户生产经营管理问答. 北京：中国农业大学出版社，2006.

2. 马俊哲. 现代农业科学新技术 200 问. 北京：中国农业大学出版社，2008.

3. 马俊哲. 农村经济管理实务. 北京：中国农业大学出版社，2013.

4. 张照新，赵海. 新型农业经营主体的困境摆脱及其体制机制创新. 区域经济，2013(2).

5. 赵强社. 论职业农民的培育（硕士论文）. 西北农林科技大学，2009.

6. 农村初中"绿色证书"教育实验教材编写组. 农户经营与发展. 重庆：西南师范大学出版社，2004.

7. 冯汝英. 农业经济管理概论. 北京：农业出版社，1992.

8. 陈娆，田淑敏. 农业经济管理. 北京：高等教育出版社，2005.

9. 路剑，李小北. 谁把你抛弃？——关于农户信息化问题思考. 农业经济问题，2005(7).

10. 程选民，陈作珍. 精心选项. 成都：西南财经大学出版社，2003.

11. 刘冠生，王学真. 农业标准化推广研究. 北京：中国财政出版社，2004.